주가 상승과 자원 가격 상승으로 향해 가는 세계경제 입문

주가 상승과 자원 가격 상승으로 향해 가는

세계경제 입문

주식이
거품이라는
거짓말

아사쿠라 게이 지음

오시연 옮김

지상사 Jisangsa

생존을 건 진정한 격동의 시대가 온다!

"목숨을 지키는 행동을 해주세요."

아나운서의 목소리가 전국에 울려 퍼진다. 이미 연중행사가 된 집중호우는 장마와 태풍철뿐 아니라 여름휴가 기간에도 발생하게 되었다. 이상기후와 진정세를 보이지 않는 코로나로 인한 양극화, 점점 격화되는 국가 간 대립 등 세상은 그야말로 혼란의 도가니다. 중국이 각종 규제를 강화한 탓에 일본 IT 기업의 주가는 일제히 대폭락을 기록했다. 반면 미국을 비롯한 세계 주가는 천정부지로 치솟고 있다.

도대체 세계는 어떻게 되는 걸까? 예상할 수 없는 미래를 생각하면 불안이 퍼져 나간다.

이렇게 앞이 보이지 않는 시대가 과거에 있었던가? 사람들은 불안에 떨고 있다. 기상이변, 코로나 확산, 양극화, 격렬한 미국 대 중국 간의 대립구도 그리고 주가 급등과 같은 일련의 흐름을 보면 개개의 현상은 다른 내용이지만 어딘가에서 하나로 연결되어 있다는 느낌이 든다. 이 모든 현상은 수그러들기는커녕 점점 더 빨리 퍼져가고 있다. 이상기후를 유발하는 주체는 인류이며 본래 세계가 힘을 합쳐 탈(脫)탄소 정책을 추진해야 한다. 그러나 에너지 전환은 하루아침에 달성할 수 없다. 그래서인지 세계를 보면 탈탄소에너지 전환 흐름은 전혀 진행되지 않는 듯 보인다. 석탄, 석유, 천연가스 등 화석 연료의 수요는 계속 증가하고 연일 가격이 치솟고 있다. 이렇게 되면 이산화탄소가 더 많이 배출되어 이상기후는 더욱 빈번하게 일어날 것이다.

코로나는 일단 진정세를 보일 수도 있지만 우리는 다음에 우리를 덮칠 역병에도 대비해야 한다. 재택근무, 비대면 회의 등 코로나라는 감염병으로 생겨난 새로운 흐름은 더욱 강해질 것이다. 이 새로운 흐름을 타고 소득이 증가한 사람과 일자리를 잃고 남겨진 사람이 극명한 대비를 이룬다. 소득 격차는 점점 벌어지고 있으며 머지않아 허용할 수 없는 수준까지 달할 것 같다. 국제정세도 긴장의 끈을 놓을 수 없다. 미국과 중국은 치열한 패권 다툼을 벌이고 있다. 중국은 타협을 거부하고 자기 방식을 고집하며 자신의 길을 가기 시작했다. 이로써 미중 대립은 언젠가 일촉즉발의 사태에 이르지 않을까? 이렇게 모든 것이 불투명해지면 사람들은 결국 주가가 폭락할 것이라고 예상했다.

하지만 주가는 천정부지로 계속 오를 것 같다. 코로나가 진정세를 보이는 순간부터 일본 주식의 주가도 기세 좋게 상승할 것이다. 일본 주식은 싸고 배당 성향도 높은 편이므로 제로 금리 정책 가운데 주식투자는 더욱 매력적인 자산 운용 방식으로 부각된다.

현재 세계의 모든 정부는 막대한 자금이 필요하다. 하지만 어디에도 그럴만한 재원이 없다. 결과적으로 정부는 윤전기를 돌려 계속 지폐를 찍어낼 수밖에 없다. 모든 의미에서 일단 자금이 필요하기 때문이다. 내가 속한 나라와 작금의 상황, 내 주변을 한번 둘러보라. 재해 대책비, 코로나 대책비, 사회보장비, 방위비 등 세계 어느 나라의 정부건 끝없이 발생하는 자금 수요에 부응해야 한다. 그건 어느 나라나 마찬가지다. 그리고 정부는 인기를 얻기 위해 다시 국민에게 현금을 지급할지도 모른다. 이런 일을 수없이 계속해야 하는 상황이니 당연히 돈의 가치가 떨어진다. 눈덩이처럼 불어난 일본의 국가 부채를 정상적으로 갚을 수 있다고 생각하는 사람은 없을 것이다. 정부는 항상 인플레이션을 발생시켜서 빚을 탕감해 왔다.

이 책에서는 몇 가지 문제를 자세히 분석했다.

하나는 일본의 고착화된 디플레이션 체질이다. 과거 고도성장기에 인플레이션 체질이었던 일본은 왜 심각한 디플레이션 성향으로 바뀌었을까? 임금과 물가가 오르던 시대와 거품 붕괴를 거쳐 지금처럼 임금과 물가가 오르지 않게 된 현실을 대조하고 검증했다.

다음으로 중국의 위태로운 움직임을 자세히 다루었다. 중국의 야심과 앞으로 시진핑 정권의 행보, 미국과 숙명적으로 대립하기에 이런 과정을 하나하나 차분히 풀어냈다. 왜 지금 시진핑 정권이 국내를 통제하는 정책을 펼치는지, 중국공산당의 목표는 무엇인지, 왜 자국의 IT 기업을 그토록 무섭게 옥죄이는지 그 이유를 분명히 알 수 있을 것이다. 그리고 미중 관계가 점점 더 위험 수역으로 치닫고 있는 현실을 인식하게 될 것이다.

지구상의 환경 문제도 살펴본다. 요즘의 이상기후를 보면 전 세계가 힘을 합쳐 하루빨리 탄소 배출량을 줄여야 한다는 데는 이론의 여지가 없다. 하지만 현실은 정반대 방향으로 움직이고 있다. 탄소배출량 감축은 거의 진전이 없으며 앞으로도 그럴 것 같다. 그 이유가 무엇일까? 탈탄소를 둘러싼 세계의 현실과 그 움직임을 비웃는 듯 상승하는 자원 가격, 이 아이러니한 실태를 상세히 짚어보았다. 앞으로 석유와 석탄, 천연가스, 구리와 알루미늄, 니켈 등 원자재 가격이 엄청난 수준으로 오를 수 있다는 것에 위기감을 느낄 것이다.

마지막으로 주가의 향방을 알아본다. 주식시장은 세계적으로도 전무후무한 강세장으로 나아갈 것이다. 세상에는 지금 주가가 거품이라는 소리가 퍼지고 있다. 이것은 완전히 빗나간 관점이며 거품이 무엇인지 모르는 사람들이 하는 생각이다. 도대체 과거의 거품이란 무엇이었을까. 이 책을 읽으면 거품을 만들어 낸 흑막이 뚜렷이 보여질 것이다. 그리고 지금 얼마나 주식시장에 돈이 몰릴 여건이 조성돼 있으며, 주식시장이 강한 상승세를 보일 시기가 임박했는지 알게 될 것이다.

이 책에서는 개별종목에 관해서도 찬찬히 다루었다. 아사쿠라(朝倉)의 기본적인 종목 선별 방법과 종목에 초점을 맞추는 포인트를 잘 알 수 있다. 주가를 보는 안목과 주목하는 포인트는 사람마다 다르다. 독특한 후각으로 종목을 발굴하는 그만의 방법과 사고방식을 살펴볼 수 있다.

안정적이고 평온한 시대는 물러나고 진정한 격동의 시대가 다가오고 있다. 현재 벌어지는 많은 혼란은 서막에 불과하다. 앞으로 모든 것이 우리의 상상을 초월하는 사태로 발전할 것이다. 보는 것, 듣는 것, 체험하는 것, 모두 놀랍다 못해 말이 나오지 않을 만큼 변화할 것이다. 이제는 국가도 개인도 생존을 위해 몸부림쳐야 하는 시대다. 전환점에서의 다양한 선택이 그 사람의 인생을 바꾸어 놓는다. 지금 일어나는 모든 일을 무심히 넘기지 말자. 이 책을 손에 든 사람은 시대를 만드는 사람이 되리라고 확신한다.

아사쿠라 게이(朝倉慶)

제3장 쇠락하는 중국 정치와 경제

제4장 탄소중립과 자원 가격 급등

제5장 상승 추세를 이어갈 주식시장

제6장 저자가 소개하는 유망 주식

임금 동향과
인플레이션 문제

물가에 영향을 미치는 것

고용 상황은 경제 상태를 파악하거나 정책을 결정할 때 항상 일순위로 살펴보는 요인이다. 미국에서 매월 발표하는 고용 통계는 미국 당국의 경제 정책 방향을 예측할 수 있는 중요한 신호이므로 투자자들은 그 동향을 예의주시한다. 고용 상황이 좋지 않고 실업자가 길거리에 쏟아지면 사회가 불안정해진다. 반대로 고용 상황이 좋아서 완전고용 상태를 달성하면 사람들은 삶에 만족함을 느끼며 사회도 안정감을 찾는다.

한편으로 고용은 물가 동향에도 깊이 관여한다. 경제학에서는 우하향 그래프를 그리며 고용과 인플레이션 사이의 관계를 보여주는 필립스 곡선(Phillips curve)을 인플레이션의 중요한 지표로 사용한다. 이 곡선은 고용이 완전고용에 가까워지면 임금 상승으로 인플레이션율이 상승하며 고용 곡선이 완만해지고 실업률이 올라가면 임금이 떨어져 인플레이션율이 하락한다는 단순한 구도를 보여준다. 최근에는 필립스 곡선이 플랫화, 즉 고용 상황이 개선되어도 물가가 생각만큼 오르지 않는 경향을 보인다고 한다.

보통은 수요와 공급 관계로 인해 고용 상황이 호전되면 임금이 오른다고 하는데, 지금은 그렇게 되지 않는 경향이 보인다. 여기서는 노동자의 임금 추이와 노동운동의 역사를 살펴보면서 왜 물가가 오르지 않게 되었는지 알아보겠다.

필립스 곡선

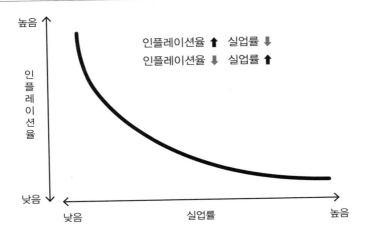

물가가 오르지 않는 상태를 오랜 세월 동안 경험한 지금의 일본인은 물가가 지속적으로 상승하는 상황을 상상하기 힘들 것이다. 그러나 일본 역사를 보면 꾸준히 물가가 상승한 시대가 분명히 존재했다. 제2차 세계 대전이 끝난 1945년부터 거품 경제가 붕괴한 1990년까지 물가는 매년 상승했고 그에 따라 매년 임금을 매년 올리는 것이 당시의 연중행사였다. 임금이 오르면 사람들의 지갑이 두툼해지므로 소비도 활발하게 이루어졌다.

그런데 임금이 거의 오르지 않는 지금은 당연히 소비할 여력이 없다. 게다가 인구가 감소하고 있으므로 더욱 물가가 오르기 어려워 보인다. 그런 일본의 물가가 지속적으로 상승했던 과거로 돌아

제1장_임금 동향과 인플레이션 문제

가 당시 상황을 살펴보겠다.

  1956년 일본은 경제백서를 통해 '이제 전후(戰後)는 끝났다'며 일본이 경제 부흥 궤도에 진입하여 완전히 바뀌었다고 선언했다. 이 무렵 일본은 본격적인 고도 경제 성장기인 이와토 경기(岩戸景気, 1958~1961년), 도쿄올림픽(1964), 이자나기 경기(いざなぎ景気, 1965~1971년)를 거치며 초장기 호황을 누렸다. 고도성장기였던 당시에는 두 자릿수 경제 성장과 함께 매년 두 자릿수 임금 인상이 이루어졌다. 철강, 조선, 화학, 전기, 자동차 등 일본의 제조업이 화려하게 꽃피운 시대다. 전국적으로 노동자에 대한 수요가 강해졌다. 만성적인 노동력 부족을 해결하기 위해 대기업이건 중소기업이건 할 것 없이 사람을 구하기에 분주했으니 매년 임금을 올려주는 것이 당연시되었다. 이렇게 일손이 모자라는 상황에서 당연히 노동자의 힘이 강해졌고 그들은 노동조합을 만들어 매년 임금 인상 교섭을 벌이게 되었다.

  일본에서는 여러 노동조합이 힘을 합쳐 정부를 상대로 매년 봄에 임금 인상을 교섭하는 '춘투(春鬪)'라는 임금 인상 투쟁을 하는 것이 상례가 되었다. 이는 매년 봄 시행되었으며, 통일된 지도부의 주도로 수많은 산업별 노조가 모여 임금 인상을 둘러싸고 투쟁을 벌였다.

  '춘투'의 창시자 중 1명인 합화노련(합성화학산업노동조합연합)

오타 가오루(太田 薫) 위원장은 '어두운 밤길을 혼자서 걸으면 불안하지만 모두 함께 손을 잡고 나아가면 안심할 수 있다'는 말을 남기기도 했다.

이렇게 기업별 조합의 약점을 극복하고 개별 기업들이 힘을 합쳐 강한 교섭력을 갖게 되었다. 이 방식은 해마다 강화되어 파업과 같은 전술적 행사 일정에 맞춰서 협상이 이루어졌다. 사람들이 매년 봄 '파업으로 철도 운행이 중단되는 것'을 당연하게 생각할 정도로 당시 임금 인상 파업은 연례행사처럼 일어났다. 노동자 측은 파업이라는 실력행사를 통해 큰 폭의 임금 인상을 관철하는 데 성공했다. 지금 생각해 보면 매년 두 자릿수, 10% 이상의 임금 인상이 지속되었다니 믿기지 않을 노릇이지만 그만큼 경제가 순조롭게 성장했던 시대이기도 했다.

고도성장기를 지배한 일본의 분위기

"가난하면 비싼 쌀 대신 값싼 보리를 먹으면 될 것 아니냐!"

1950년 당시, 늦은 나이에 새내기 의원의 몸으로 재무대신에 임명된 이케다 하야토(池田勇人)의 발언이다. 이케다 하야토는 훗날 고도성장기를 상징하는 시대의 총리가 되었다. 그 무렵에는 지금과는 비교할 수 없을 정도의 '막말'이 난무했던 모양이다.

당시 운수대신인 아라후네 세이주로(荒船清十郎)는 현재 시부사

와 에이이치(渋沢栄一)의 고향으로 세간의 주목을 받고 있는 후카
야시에 특급 열차가 정차하도록 지시한 일로 물의를 빚기도 했다.
사이타마현을 통과하는 특급 열차는 당시 오에이에서 구마가야 그
리고 군마현 남부에 있는 다카사키에 정차했다. 그런데 운수대신
이 된 아라후네는 권한을 남용해 자신의 지역 선거구인 후카야시
에 특급 열차역을 만들기로 결정했다. 물론 자신의 선거구 이익을
위해 행정을 왜곡하는 일이 허용될 리 만무했다. 이 일은 국회에서
문제를 제기했다. 야당에 이 문제를 추궁당한 아라후네는 "역이 하
나 정도 늘어나도 상관없지 않은가"라고 뻔뻔하게 반응했다. 사리
사욕이 담긴 이 발언은 당시 어린아이였던 나도 똑똑히 기억할 만
큼 인상적이었다. 지금은 절대 용납할 수 없지만 당시에는 그런 황
당한 말과 행동이 허용되었다. 막말의 수준이 지금과 어마어마하
게 차이가 나는 시대였다고 할 수 있다.

　1960년, 총리가 된 이케다는 다음 해인 1961년 〈소득배증계획〉
을 발표했다. 고도성장기의 절정이었던 일본은 수출주도 경제 성장
을 거듭했다. 노동 수급 압박이 지속되면서 임금 수준을 끌어올리
기 쉬운 환경이었다는 얘기다. 1964년, 도쿄올림픽 이후 경기가 일
시적으로 침체되고 주가가 폭락하자 일본공동증권재단[1]을 설립해

---

[1] 일본공동증권(日本共同証券)재단은 1964년, 자본금 25억 엔으로 발족한 주식매입기관이다. 장
　기적 주가 부진으로 인한 증권시장의 기능 마비를 타개하기 위해 설립되었다.

주식을 매수하는 일도 있었지만, 기본적으로는 매년 두 자릿수의 경제 성장을 거듭했으므로 시간이 지남에 따라 주가가 회복하면서 더 크게 상승했다.

그래도 찾아온 위기 – 일본은행 특별 융자

"은행, 안녕히 계세요. 증권, 안녕하세요."

이런 말이 돌만큼 전후 부흥기에는 주가가 크게 상승했다. 주가라는 것은 한 번 오르기 시작하면 그 기세를 멈추지 않고 단기적으로 크게 시세를 보이는 경향이 있다. 이런 식의 과열은 주식시장의 속성 중 일부이기도 하다. 잿더미에서 출발해 전후 부흥기에 괄목할 만한 경제 성장을 이룰 만큼 빠르게 발전했으니 증시가 호황을 누리는 것은 당연했다. 도쿄올림픽, 신칸센 정비 등 1960년대의 일본은 그야말로 모든 것이 무서운 기세로 발전했다.

이처럼 경제가 순조롭게 발전하고 아무도 경제 성장을 의심하지 않을 때는 낙관적인 분위기가 사회를 지배하고 단기적으로 주식시장이 과열 양상을 띠기 마련이다. 전후 부흥기의 일본 주식시장은 1961년 주식투자신탁 잔고가 4년 만에 10배 증가할 정도로 활황세를 보였다. 그러나 1964년 도쿄올림픽이 끝나자 상황이 일변했다.

극히 순조롭게 발전한 일본 기업 중 일부가 도쿄올림픽 이후 급격한 수요 부진을 견디지 못하고 실적이 악화되었다. 1964년에는

선웨이브공업(サンウエーブ工業)과 일본특수강(현 다이도특수강〈大同特殊鋼〉)이 파산했다. 이듬해인 1965년에는 산요특수제강(山陽特殊製鋼)이 뒤를 이었다. 이런 중공업계의 변화는 증시 분위기를 확 바꿔버렸다.

닛케이 평균지수가 폭락하면서 그때까지 상승세를 탔던 주가가 갑자기 얼어붙었다. 투자자는 주식시장에서 손실을 봤고 지금까지의 호황은 거짓말처럼 빠르게 식었다. 당연히 증권사의 경영상황도 악화되었다. 마침내 야마이치증권(山一證券)이 경영 위기에 빠졌다. 당시 이 문제를 심각하게 생각한 일본 대장성은 야마이치증권의 재건 개혁을 모색했는데, 그 단계에서 정보가 유출되고 말았다. 야마이치증권이 경영 위기에 빠졌다는 소식이 세간에 퍼지자 전국의 투자자들이 영업점에 몰려들어 자금인출을 하겠다고 소동을 벌였다.

그대로 내버려 두면 소동이 확대될 것이 불 보듯 뻔했다. 은행과 대장성, 일본은행 수뇌부 7명이 모여 대응책을 마련했다. 참석자는 일본은행의 사사키 부총재, 일본흥업은행(日本興業銀行)의 나카야마 행장, 후지은행(富士銀行)의 이와사 행장, 미쓰비시은행(三菱銀行)의 다지쓰 와타루 행장, 대장성의 사토 사무차관과 다카하시 은행국장 그리고 대장대신인 다나카 가쿠에이(田中角栄)였다. 도쿄 아카사카에 위치한 일본은행의 히카와 기숙사에서 열린 이 회의에 밤 9시 이후, 다나카 가쿠에이가 한발 늦게 참석했다.

"차라리 증권시장을 이삼일 닫는 게 어떻겠습니까?"

다지쓰 미쓰비시은행장이 이렇게 말하자 다나카 가쿠에이는 "닫아서 어떻게 하자는 건가?"라고 물었다.

다지쓰 행장은 "일단 상황을 지켜보는 거죠"라고 대답했다.

그러자 다나카 가쿠에이가 호통을 쳤다.

"그렇게 했다가 늦으면 어떻게 할 건가! 그러고도 자네가 은행장인가!"

이 한마디에 야마이치증권에 대한 일본은행 특별융자가 결정되었다고 한다. 이렇게 해서 일본흥업은행, 미쓰비시은행, 후지은행은 야마이치증권에 무제한 무담보 융자를 실행했다. 수많은 에피소드 중에서도 특히나 깊은 인상을 주는 이야기다. 초등학교밖에 나오지 않은 다나카 가쿠에이가 엘리트 중의 엘리트인 시중은행 행장을 질책한 장면은 생각만 해도 통쾌하다. 그 결정이 제대로 작용해 향후 일본 경제 발전에 이바지했으니 더욱 그렇다. 온실 속 화초가 아닌 잡초의 강점이라고 할까, 직접 회사를 차려 사업가로 입지를 다진 그만이 할 수 있었던 용단이었다. 리더의 역량은 위기에 빛을 발하는 법이다. 이런 점이 가쿠에이가 인기를 얻을 수 있었던 이유가 아닐까.

이에 앞서 1964년 1월, 주식을 매입하기 위해 일본공동증권이 발족했다. 증권계의 불황으로 공급 과잉에 빠진 주식을 매입하기 위한 기관이다. 지금은 일본은행이 매입 지원을 하고 있지만, 당시에는 은행과 증권사, 보험사, 일본은행이 협력하여 기금을 만들었다. 일본 전체가 매입 지원을 한 셈이다. '역사는 반복된다'는 말이 모두 맞진 않겠지만 주가가 하락해 장이 부진할 때 하는 일은 똑같다. 당시의 닛케이 평균지수는 1,800엔에서 1,000엔 가까이 폭락했으므로 일본공동증권은 1,200엔 수준으로 매입을 지지했다. 이와 같은 고도성장기로 해마다 두 자릿수 성장이 이어지고 급여도 두 자릿수로 인상되는 시대에서조차 주식이라는 것은 인기가 없어지면 아무도 매수하려 하지 않는다. 주식시장에서 투자자의 분위기라고 할까, 사람의 기분은 상당한 비중을 차지한다.

주식시장이 재미있는 이유는 인간의 심리를 투영하기 때문이다. 주가가 이론대로 움직인다면 경제학자나 애널리스트들의 예측을 벗어나지 않을 것이다. 그러나 주가는 생물이며 인기투표와 비슷한 면이 있다. 아무리 뛰어난 실적을 내는 회사라도 인기가 없으면 주가는 꿈쩍도 하지 않는다. 반대로 적자가 나는 누더기 같은 회사도 인기가 있으면 주가가 뛰어오른다. 그런 단기적인 움직임은 시간이 지나면 기업 가치에 근접할 가능성도 있지만 그렇다고 해도 주가는 자로 잰 듯 수치로만 움직이지 않는다. 모두가 좋다고 생각하는 주식이 오르며 그런 점에서 주식투자는 미인 투표와 같다. 그래서 주식투자는 어려우면서 재미있다. 어쨌든 고도성장기의 한복판인 1964년 이후 증권계가 침체기에 접어들었다는 사실은 시사하는 바가 크다. 앞에서 일본공동증권을 통해 주가를 매입했다고 했는데,

실제로는 아무리 매입해도 끝없이 매물이 나와 자금이 부족해지기 일쑤였다고 한다.

일본공동증권은 그 후 1971년까지 존재하면서 두 자릿수 고도 성장기였던 7년 내내 주식을 사들였다. 믿기 어려운 사실이지만 이것이 주식시장이다. 주가 추이를 보면 주식을 매입한 1964년부터 1968년까지는 주가가 거의 오르지 않았고 그 후에야 주가가 오르기 시작했다.

1965년은 일본 경제에서 또 다른 중대 사건이 있었던 해였다. 바로 적자 국채 발행이다. 전쟁에 진 일본은 심한 인플레이션을 겪었다. 1946년, 일본 정부는 하이퍼인플레이션에 대응하기 위해 특단의 조치를 시행했다. 국민의 은행 돈을 2년간 인출하지 못하도록 한 '예금 봉쇄'와 함께 옛 지폐의 유통을 금지하고 새로운 엔화로 교환하는 화폐개혁을 단행한 것이다.

예금이 종잇조각이 되어 물가는 수십 배로 뛰었고, 자산 과세로 인해 많은 사람이 재산을 빼앗겼다. 실질적인 '국가 파탄'이나 다름없었다. 이 경험이 너무 강렬해서 일본은 다시는 국채 발행을 하지 않기로 결정했다.

그런데 1965년, 다시 적자 국채 발행 논의가 나왔다. 대장성의 시모무라 오사무(下村 治)는 '비록 적자 국채라도 주저하지 않고 발행해야 한다. 그렇지 않으면 사태는 걷잡을 수 없게 될 것'이라고 주장했다. 반면 일본은행의 요시노 토시히코(吉野 俊彦)는 '국채 발행은 금단의 열매가 될 우려가 있다. 만주사변 이후의 쓰라린 경험을 잊었는가'라고 반대했다. 그러나 시모무라는 '정부가 용기를 내면 가능한 일'이라며 최종적으로 적자 국채 발행을 밀어붙였다. 현재와 비교하면 전후 부흥기의 대장성과 일본은행, 정치가들은 훨씬 역동적이고 흥미롭다.

매입 기관인 일본공동증권의 해산

주식은 오르지 않을 때는 아무리 사들여도 안 오르지만 상승 국면이 되면 실이 끊어진 연처럼 훨훨 날아간다. 거품 경제가 꺼지기 전의 일본은 주가가 영원히 오를 것이라는 착각에 빠져 있었다. 종전 이후인 1950년부터 증시가 재개되어 시장은 1960년대 중반의 증권계 불황, 1973년의 석유파동이 발생했지만 그래도 일본의 주식시장은 하늘 높은 줄 모르고 올랐다. 경제 발전이 6년, 주가 상승은 1950년의 시장 재개로부터 1989년의 최고치까지 10년이나 이어졌다.

당시 사람들은 주식과 부동산만 갖고 있으면 부자가 될 수 있다는 생각에 사로잡혔다. 당시에는 '일본이 최고(Japan is NO. 1)'라는 말이 있을 만큼 일본의 위상은 대단했다. 패전 후 순식간에 경제 재건에 성공해 세계 제일의 위치에 올랐으니 일본인은 당연히 자부심에 취했다. '세계에서 으뜸가는 민족'이라고 느꼈을 것이다.

그런 분위기에서 일본인은 주식과 부동산이 끝없이 상승한다고만 생각했고 그 생각은 거품을 만들어냈다. 다시 말해 거품은 인간의 심리가 만들어 낸 산물이다. 일본인이 주식과 부동산을 사면 된다는 믿음을 실천한 결과가 거품이 된 것이다.

이야기를 일본공동증권으로 되돌아가자. 역사적 관점에서 볼 때 일본공동증권은 쇼와공황[2]이 재현되지 않도록 막았다는 데 의의를 찾을 수 있다. 만일 당시 야마이치증권이 무너지는 것을 방관해서 인출 사태가 전국으로 확산됐다면 연이은 금융부실로 걷잡을 수 없는 상황에 빠졌을 가능성을 부인할 수 없다.

또 적자 국채 발행이라는 과감한 결단을 내려 일본 경제시장에 자금을 공급할 수 있었던 것도 일정 역할을 했다. 1961년의 투자신탁 잔고가 4년 만에 10배가 되었다고 했는데, 그 여세를 몰아 계속 사들인 투자신탁은 증권계 불황 후 거의 대부분이 손실을 입은 상태였으며 손실액은 점점 커지기만 했다. 투자신탁이 주식을 매도하는 족족 일본공동증권은 그 물량을 흡수했다. 일본공동증권이 해산할 당시의 보유 주식 내역을 보면 투자신탁이 보유하고 있던 주식의 대부분이 일본공동증권으로 이행되어 있었다고 한다. 정확하게는 일본공동증권은 투자신탁이 보유했던 주식의 78%를 최종적

---

[2] 1929년에 시작된 세계대공황이 일본에 영향을 미쳐 1930년부터 1931년까지 심각한 불황이 닥쳤다. 이를 쇼와공황이라고 하며 전체 시중은행의 10%가 도산했다.

으로 매수했다.

말하자면 일본 개인 투자자들이 호기롭게 투자신탁을 대량으로 사들인 뒤 손실을 내고 그것을 몇 년간 계속 팔았고, 일본공동증권이 이를 계속 사들인 셈이다. 그 시기에 주식시장은 거의 오르지 않았다. 그야말로 고도성장의 절정인 시기였지만 주가가 오르기는커녕 일본공동증권이 손실 난 주식을 사들이고 또 사들인 것이 사실이다. 다시 한번 말하지만 이것이 주식시장이다.

일본공동증권은 1971년에 해산했으며 출자자인 은행과 보험회사가 보유 주식을 인수했다. 은행과 보험회사가 막대한 수량의 주식을 인수함으로써 일본 시장에 유통 주식수가 줄어들었고 덕분에 주가가 오르기 쉬워졌다.

그러면서 은행과 보험회사가 주식을 인수하는 형태가 일본 특유의 주식 보유 구도로 정착되었다. 이 제도로 유통 주식 수가 줄면서 1985년부터 시작된 거품이 주가를 크게 상승시킬 토양을 형성했다고 할 수 있다.

지금 일본은행은 그 당시의 흐름을 찬찬히 연구하고 있을 것이다. 일본은행은 2010년 시라카와 총재 임기에 주식을 매수하기 시작했다. 그리고 2013년 구로다 총재가 된 후 폭발적으로 주식을 매수했다. 현재 일본은행이 보유한 일본 주식의 시가총액은 30조 엔 이상이라고 한다. 닛케이 평균은 2020년 1월, 미국 대통령 선거 후 급상승해 3만 엔까지 올랐다. 이제 일본은행은 주식을 더 사들일 필요가 없다고 생각할 것이다.

일본은행이 보기에 주식 매수는 금융완화정책의 일환이다. 이것을 공식적으로 중단하면 긴축정책으로 전환한다고 받아들여질 수도 있다. 따라서 일본은행은 공개적으로 주식 매수를 중지한다고 하진 않지만, 실제로는 주식을 추가 매수할 필요는 없으며 이제 자연스럽게 주가가 오르기를 기다리고 있을 것이다.

이와 함께 일본은행은 조만간 일본 내 기관투자자나 개인 투자자에게 보유 주식을 나눠줄지 상황을 보고 결정할 것이다. '일본은행의 출구 정책이 두렵다', '일본은행이 주식을 매각하겠다고 발표하면 주가가 급락할 것'이라는 의견이 대부분이다. 하지만 이것은 일본의 주식시장과 일본 경제의 미래를 얼마나 허약하게 보고 있는지 나타내는 의견일 뿐이다. 일본은행이 실제로 주식을 매각하는 이른바 출구 전략을 검토할 때는 현 상황과는 전혀 다른 국면일 것이다.

1980년대 후반, 사람들이 주가 상승이 계속되리라고 생각한 것처럼 다시 한번 '주가가 장기간에 걸쳐 상승할 것'이라고 생각하는 국면이 반드시 찾아올 것이다. 그것이 주식시장의 속성이기 때문이다. 주식시장은 강세장이 지배하기도 하고 약세장이 지배하기도 한다. 그 흐름은 번갈아 가며 반복된다. 그러므로 일본은행이 주식을 처분하는 국면에서는 주식이 상당히 오르는 분위기가 무르익고, 모든 이가 일본은행이 보유한 주식을 사들이고 싶어할 것이다.

일본은행은 대략 10년간 주가가 하락하는 날마다 열심히 주식을 사들였다. 그만큼 많은 주식을 보유한 곳은 앞으로도 없을 것이다. 요컨대 일본은행만이 앞으로 시대가 변화하여 귀중한 재산이 된다고 생각되는 주식을 대량으로 보유한 것이다.

일본의 주식시장을 지나치게 비관적으로 바라보는 일본인들의 부정적인 인식은 10년 뒤에는 깨끗이 사라질 것이다. 국가에서 시행하는 적립 니사(NISA) 제도는 해마다 폭발적으로 증가하고 있다. 그 주체는 2~30대 청년이다. 미래의 일본을 짊어질 그들은 주식투자를 긍정적으로 보는 존재가 될 것이다. 인간이 투자행위를 할 수 있는 시기는 길어야 10년 정도다. 전후 40년 동안 경제 성장과 함께 주가가 상승했던 시기에 살았던 사람들은 주가가 빠지는 약세장을 경험해 본 적이 없다. 반면 지금 사회에서 현역으로 일하는 20대 이상과 은퇴한 70대는 거품 경제가 붕괴한 뒤 30년간 주가 하락을 거듭한 인류 역사상 있을 수 없는 약세장을 겪어야 했다. 주식이 30년이나 침체하는 시대에 산 사람들은 전 세계에서 지금의 일본인이 유일하지 않을까?

거품 경제가 터졌던 1990년부터 뉴욕 다우지수는 10배로 뛰어올랐는데, 일본 주식은 전고점을 넘지 못하고 있다. 이런 나라는 일본뿐이다. 이렇게 세계사에 남을 주식시장의 침체를 경험한 일본인은 대부분 지금부터 현역에서 물러나게 된다. 시대는 젊은이들에게 열려 있다. 약세장을 겪지 않은 그들은 자신들의 미래를 위해 적극적으로 주식투자를 할 것이다. 국가는 비과세라는 인센티브를 통해 그들을 지원한다. 그리고 어느 순간, 주식투자에 대한 견해와 인기가 지금과는 전혀 다른 시기가 올 것이다. 그때 일본은행과 자사주 매입으로 유통 주식 수가 줄어든 일본의 주식시장은 끈 떨어진 연처럼 훨훨 날아갈지도 모른다.

임금 인상으로 생겨난 1억 총중류사회

1960년대는 춘투의 힘으로 임금 인상이 표준화되었다. 먼저 봄에 춘투가 벌어지면 '춘투 시세'가 정해진다. 그러면 기업들은 대체로 임금을 두 자릿수로 올렸다. 당시에는 순조롭게 경제 성장을 하고 있었으므로 두 자릿수 임금 인상도 기업 규모와 상관없이 가능했다. 이런 흐름은 민간뿐 아니라 공무원에게도 확산되었다. 1970년에 인사원 권고가 나오면서 공무원의 임금도 춘투 수준으로 인상하는 흐름이 자리 잡았다.

이렇게 해서 일본의 월급은 매년 두 자릿수로 인상되었다. 이런 시절에는 누구나 매년 소득이 증가하니 당연히 물가도 상승했다. 그때는 물가가 오르는 것이 정상이었기 때문에 물가가 내린다는 것은 상상도 하지 못했다.

마찬가지로 주가와 땅값이 계속 하락하는 것도 상상할 수 없는 일이었다. 일본은 중후장대산업인 철강과 조선, 기계, 화학, 전기,

자동차 등이 호황이었는데, 이것은 20세기 발전의 특징이기도 했다. 20세기는 상품의 대량 소비 시대였다. 사람들은 TV와 냉장고, 자동차를 앞다투어 구매했다. 이처럼 제조업이 번창하던 시대는 공장 노동자를 비롯한 모든 노동자가 혜택을 받은 시대이기도 했다.

매년 노동자들의 임금이 인상되면서 모두의 주머니가 두둑해지고 중산층으로 올라갈 수 있었다. 소비가 활성화되고 왕성한 설비투자가 이어졌다. 당연히 물가 상승 압력이 강했기 때문에 항상 인플레이션이 현실을 위협했다. 이런 시대에는 금융을 완화 또는 긴축하는 이른바 금융정책이 힘을 발휘한다. 이런 고도성장기에는 중앙은행이 항상 인플레이션을 상대로 싸워왔다. 모두가 잘 산다는 의미에서는 행복한 시대였을 것이다. 그래서 일본인의 기억 속에 쇼와시대(昭和時代)는 살기 좋은 시대다. 이렇게 해서 일본 전체 '1억 총중류' 시대가 시작되었다.

물가 폭등을 초래한 석유파동

그런 시대의 전환기가 된 것은 1973년에 발발한 제1차 석유파동이었다. 갑자기 원유가격이 네 배로 뛰니 견딜 수가 없었다. 당연히 유가 급등으로 물가가 폭등했고 시중에는 '미친 물가'라고 불릴 정도로 모든 물건값이 치솟았다. 갑자기 인플레이션이 찾아온 것이다. 당시 자료에 따르면 물가상승률은 20%를 넘었다. 20%는 평균

치이므로 일부 제품은 터무니없는 가격까지 올라가 도저히 살 수 없게 된 것도 있었으리라. 화장지가 매장에서 사라졌다는 일화도 들려왔다.

당시 다나카 가쿠에이 총리는 '일본열도 개조론'을 제기하며 지방 활성화를 위해 신칸센과 고속도로로 일본 전역을 하나로 연결하겠다는 비전을 당당히 밝혔다. 이 '일본열도 개조론'을 내걸고 다나카 총리는 자민당 총재선거에서 승리했다. 이 《일본열도 개조론(日本列島改造論)》은 20만 부 이상 팔리는 베스트셀러가 되었고 다나카의 총리 취임과 함께 큰 인기를 끌었다. 일본의 경제 성장을 더욱 빠르게 실현할 것으로 생각되었을 것이다. 일본 전역에서 토목 공사가 시작될 것이라는 관측도 나오면서 사람들은 경제 호황이 찾아올 것이라는 기대감에 부풀었다. 이렇게 인플레이션 체질이 한창일 때 석유파동이 터졌다. 물론 극심한 인플레이션은 피할 수 없었다.

당시 노조의 세력은 점점 강해졌다. 게다가 이렇게 심각한 물가 상승을 목격한 뒤 노동계는 사측에 대폭 임금 인상을 요구했다.

노동계는 '10~20% 임금 인상은 터무니없이 부족하다, 먹고 살 수 없다'는 비통한 외침과 함께 대폭적인 임금 인상을 요구했다. 하지만 석유파동으로 인한 실적 부진으로 경영진은 꼼짝달싹할 수 없는 상황이었다. 기업들은 오로지 살아남기 위해 안간힘을 써야 했다. 이런 위기 상황에서 기업은 비용 절감을 목표로 임금을 억제하는 것이 당연하다.

그런데 당시 노동계는 압도적으로 강하고 강경했다. 혼란 속에 열린 1974년 춘투는 임금 인상률 평균 32.9%라는 경악스러운 수준으로 타결되었다. 32.9%라니, 믿을 수 없는 수준이 아닌가? 하지만 그때는 그런 시대였다. 매년 월급이 이만큼 오르고 매년 그 수준의 임금 인상을 이어갈 수 있는 시대였고 석유파동 같은 사건이 터지면 또 그만큼 월급이 오르는 게 당연하다고 생각하는 시대였다. 당연히 당시 상황을 돌이켜보면 매년 물가가 크게 오르는 현상이 그리 이상하지 않았다.

하지만 상식적으로 생각하면 알겠지만 이런 시대는 영원히 지속될 수 없다. 기업이 석유파동으로 존망을 건 상황이 되었는데, 터무니없는 수준으로 임금 인상을 지속할 수는 없는 노릇이다. 실제로 석유파동 이후 대폭 임금 인상을 한 뒤 다음 해부터는 인상폭이 계속 낮아졌다. 1974년에는 32.9%이었지만 이듬해인 75년에는 13.1%, 76년에는 10% 이하가 되었다. 이것은 당연한 흐름이었지만 노동자 측의 생각은 달랐다.

당시 춘투의 일등 공신이자 노동조합 운동의 선두에 서서 싸우던 오타 가오루는 1975년 임금 인상이 희망에 크게 못 미치는 숫자로 결말이 난 것을 보고 "춘투는 끝났다"며 패배를 선언했다. 당시 노동계가 얼마나 터무니없는 요구를 하는 게 당연하다고 생각했는지 알 수 있다.

그렇지만 세계를 돌아보면 당시에는 서방에서도 노동운동이 활발하게 일어났고 터무니없는 수준의 임금 인상을 요구했다. 석유파동이 일어나자 '이러다가 일본이 망하겠다'는 위기감이 일본 전역으로 확산되면서 경영진뿐 아니라 노동자들도 일본 경제의 미래에 대한 위기감을 공유할 수 있게 되었다. 그래서 일본에서는 다른 나라들에 비해 임금 인상이 적당한 선에서 이루어졌고 노사 협력이 가능했다고 보면 좋을 것이다. 이런 식으로 석유파동 당시 노사가 협조해 임금 인상률을 억제했던 것이 훗날 일본 경제의 부흥과 힘의 동력으로 작용했다고 한다.

어쨌든 석유파동이라는 중요한 사건은 일본의 고도성장의 종말을 의미했다. 세계를 휩쓴 석유파동이라는 위기는 특히 전후 급속한 부흥을 이루어낸 일본의 분위기를 바꿔놓았다. 그것은 일본의 노사가 협조하여 매년 파격적인 임금 인상이 당연하다는 인식을 변화시켰다.

임금 인상이 당연한 시대에는 물가가 계속 오르는 게 당연하지만, 임금 인상률이 감소하면 그에 따라 물가상승률도 감소한다. 당시 일본에서는 노동자가 대세를 차지했고 노동자는 동시에 소비자이기도 했다. 노동자가 대폭적인 임금 인상을 쟁취하면 구매력이 증가하고 그 결과 일본 전체의 소비 활동이 증가하는 식이었다. 개별 기업이 임금 인상을 관철하는 것이 아니라 매년 '춘투'를 통해 '춘투 시세'가 형성되어 기업 규모와 상관없이 일본 전체가 그 인상률을 따랐다. 그런 식으로 일본 전역에서 임금 인상이 됨에 따라 거의 모든 사람의 수입은 매년 증가하게 되었다.

이러니 당시 물가가 끊임없이 오르는 것은 자연스러운 흐름이었다. 고성장→임금 인상→소비 활성화→물가 상승→고성장이라는 흐름이 작동했다. 세계적인 석유파동으로 임금 인상률이 줄긴 했지만 그래도 매년 봄이면 춘투가 벌어져 임금 인상은 계속되었다. 물론 석유파동 이후 임금 상승률은 고도성장기의 1~3%가 아닌 한 자릿수로 안착했다.

거품 경제 붕괴와 노동운동

석유파동 이후 노동운동은 예전처럼 과격하지 않게 되었고 일부 파업이 진행되었지만 대체로 노사가 협조해 임금을 결정하기 시작했다. 그러자 노동자 쪽이 전체적으로 힘을 잃고 기대한 만큼 임금을 인상하지 못하는 사례가 잇따랐다.

이에 과거처럼 노동계가 전선을 만들어 결집해서 경영자 측에 도전하려는 움직임이 나타났다. 그 결과 그때까지 분열을 거듭했던 일본 전국의 노동조합이 다시 모여 '일본노동조합총연합회', 이른바 '연합'이라는 노동 단체를 결성했다. 1989년, 거품 경제가 절정에 달했을 때 '연합'이 발족했다.

그런데 1989년 2월 말, 일본의 주가는 정점을 찍고 이듬해인

1990년 초부터 급락하기 시작했다. 거품이 터진 것이다. 임금 인상은 '정기 승급+물가상승분'을 기초로 요구하는데, 거품이 꺼지면서 경기가 악화되자 물가 상승이 멈췄다. 이렇게 되면 당연히 임금 인상 요구수준도 낮출 수밖에 없다. 그럼에도 오랜만에 노조가 통일된 힘을 발휘한 덕분에 연합은 몇 년 전보다 훨씬 강한 임금 인상 교섭력을 보였다. 그 결과 연합은 출범 이후 첫 교섭을 벌인 1990년, 5.4%의 임금 인상을 쟁취했다. 그것은 대단한 성과였다. 그렇지만 일본의 노동운동의 기세는 그때를 정점으로 다시 주춤해졌다.

그뿐 아니라 전년인 1989년에는 베를린 장벽이 무너지고 1991년 소비에트연방이 붕괴되면서 공산권이 갑자기 자유 진영으로 들어왔다. 공산권의 붕괴는 일본 역사에 결정적인 변화를 가져왔다. 그때까지 일본은 미국과 유럽을 중심으로 한 선진국에서 활동했다. 그 범위에서 일본은 거의 1위를 싹쓸이하다시피 하며 경제 발전을 이루었고 그에 따라 주가도 상승했다. GDP 측면에서도 일본은 미국과 어깨를 나란히 할 정도로 두각을 나타냈다. 'Japan Is NO. 1'이란 말처럼 전 세계 주식시장의 시가총액 상위 10위권에는 일본 기업들이 이름을 올렸다. 이런 상황에서 소비에트연방을 비롯한 공산권이 갑자기 자유 진영에 합류했고 소비에트연방과 미국과 유럽 등 자유주의 진영이 벌였던 이른바 냉전은 자유주의 진영의 승리로 끝났기 때문에 사람들은 일본의 미래가 여전히 장밋빛일 거라고 낙관했다.

그러나 현실은 180도 달랐다. 단숨에 자유 진영으로 밀려든 동유럽 국가들과 당시 발전하기 시작한 대만과 한국 등이 눈부신 경제 성장을 이루었다. 이때부터 세계가 일체화되는 '글로벌화'가 시작되었다. 글로벌화로 인해 기업은 어디에나 공장을 지을 수 있게 되었다. 당시 일본의 임금은 세계에서 가장 높았기 때문에 기업이 다른 나라에 공장을 설립해 생산하면 일본에서 생산하는 것보다 훨씬 저렴한 비용으로 해결할 수 있었다. 사정이 이렇다 보니 일본 기업들의 해외 진출이 본격화되었다. 몇몇 기업이 해외 생산 노하우를 습득하자 다른 기업들도 속속 해외로 진출했다. 각국의 물가 상승률과 환율, 정치 상황 등을 고려하면서 기업들은 글로벌화를 이루었다.

세계에서 뒤처진 일본의 노동자

이렇게 되면 뒤처지는 것은 일본의 노동자들이다. 과거에 '황금알'로 떠받들어졌던 노동자들은 노조 활동이 활발해지면서 노조에 가입하기만 하면 가만히 있어도 높은 임금을 보장받았다. 그런데 상황이 바뀌고 글로벌화되자 기업들의 시선은 점점 해외로 쏠렸다. 인건비가 상대적으로 저렴하고 생산 효율이 좋기 때문이다. 일단 해외 투자의 맛을 경험한 기업은 더는 일본 국내에 투자할 생각을 하지 않게 됐다. 이렇게 해서 기업은 국내 투자보다 해외 투자를 적극적으로 하게 되었다. 당연한 결과다. 기업들이 일본 국내 투자를 중단하면 일본 노동자들은 투자 혜택을 받을 수 없으니 생산성이 오르지 않는다. 생산성이 올라가지 않으면 기업은 임금을 올려줄 수 없다. 따라서 1989년과 1990년을 경계로 일본 노동자를 둘러싼 상황은 극적으로 변했다. 사실상 일본 노동자들은 값싼 해외 노동자들과의 경쟁에 노출된 것이다.

설상가상으로 일본 노동자에게 역풍이 불어 닥쳤다. 1990년대 중반부터 중국이 급속도로 발전하기 시작했다. 당시 중국은 막 발전하기 시작한 참이어서 임금이 일본의 3분의 1 수준이었다고 한다. 기업으로써는 중국에 진출해 값싼 인력을 고용하는 것이 훨씬 효율적이다. 그 결과 일본 기업들은 국내에 투자하지 않게 되었다. 국제적으로 경쟁을 벌이는 기업 입장에서는 높은 임금을 지급하려면 노동자들이 그에 상응하는 성과를 내줘야 한다.

그러나 일본 노동자들은 세계 최고 수준의 임금에 걸맞은 일을 하기 어려웠다. 글로벌화는 편리하고 기술 혁신을 촉진하지만 노동자에게는 가혹한 면이 있다.

그렇다. 일본인 노동자는 결과적으로 저임금 경쟁이라는 국제 경쟁에 휘말렸다. 이러한 저임금 국가들과의 치열한 경쟁은 일본 노동자에게 불리하게 작용했다.

이에 따라 기업은 값비싼 정규직보다는 비교적 저렴한 비정규직 노동자를 고용하는 경향이 두드러졌다.

당연히 임금 인상이 마음대로 될 수가 없었고 일본인 노동자의 임금 인상은 1990년 이후 점점 힘들어졌다. 그렇게 되면 자연스럽게 일본 전체의 구매력이 떨어지고 물가도 오르지 않는다.

이런 식으로 노동조합은 힘을 잃어갔지만 비교적 기세가 팔팔한 노동조합도 있었다. 애초에 노조의 힘이 떨어진 것은 그들을 고용하는 기업의 여건이 어려워지고 그 요구에 응할 만한 힘을 잃었기 때문이다. 석유파동과 거품 경제 붕괴, 글로벌화에 따른 국제 경쟁 심화 등으로 기업은 임금을 올려줄 만한 여유가 없어졌다. 그런데 이런 상황이 발생하지 않은 안정적인 직장도 있었다.

바로 관공서와 공공기관에 준하는 직장이었다. NTT와 그 계열사, 민영철도사 등이 여기에 해당한다. 이들 기업은 거의 '철밥통'이라 할 수 있는 구조로 시대의 흐름을 무시하고 임금 인상 등 주장을 관철하기 위해 변함없이 고군분투했다. 그 방법은 여전히 파업이었다. 시대에 뒤떨어졌지만 1995년까지 다양한 공공기관은 상식 밖의 파업 전술을 계속했다.

그런데 1995년, 한신·아와지대지진(阪神·淡路大地震)이 발생했다. 지진 앞에서는 노동계도 강경 파업 노선을 고수할 수가 없었다. 그해 NTT 노사는 협상을 조기 타결했고 민영철도사들도 파업을 철회하기로 했다. 당연한 일이었다.

이렇게 안정된 '철밥통' 공공기관에도 개혁의 물결이 밀려왔다. 세계는 불황에 빠져 있었으므로 공공기관의 방만한 태도를 용납하지 않는 풍조가 확산되었다. 막무가내로 배짱을 부리며 파업을 벌였던 공공기관 등 노동자들의 협상 스타일이 드디어 바뀌기 시작했다. 일본 전체가 어려워지는 과정에서 당연한 흐름이 퍼져 나갔다는 뜻이다.

그러면 노동계는 약해지고 경영계는 점점 목소리를 높일 수 있게 된다. 경영진이 경쟁에 노출되어 생존 자체가 위태로워졌으니 당연한 일이다.

이때 일본 경제인연합회가 춘투의 구조 개혁을 제기했다. '세계 최고 수준의 임금을 더 올릴 여지가 없다', '고비용 체질을 바로잡기 위해 총인건비를 억제해야 한다', '실적에 상응하는 보수는 일시불로 처리하겠다'는 식이었다.

모든 기업이 어려운데 노동계의 요구대로 임금을 올리다가는 살아남기 어렵다. 이와 같은 가혹한 환경 변화로 노동자들은 임금 인상을 쟁취하기 어려워졌다. 기업마다 임금 인상과 고용방식에 대한 대응이 달랐다. 당연한 일이지만 돈을 버는 기업은 임금을 올리고 그렇지 않은 기업은 동결이라는 식이다.

21세기는 국제경쟁력이 관건

21세기에는 세계화와 중국의 발전이 한층 더 가속화될 것이다. 중국은 2001년 WTO(세계무역기구)에 가입해 단숨에 세계경제에 편입되었다. 이제 국제적으로 사업을 전개해 경쟁에서 이기지 않으면 어떤 기업도 살아남을 수 없는 시대에 들어섰다.

21세기에 들어서 일본의 최고 기업은 분명히 자동차 산업, 그중에서도 도요타는 세계 최고의 위치를 지키는 기업으로 성장했다. 도요타는 일본 기업 중 처음으로 1조 엔의 이익을 달성했다. 그런 도요타가 '경직된 임금 인상이 경쟁력에 중대한 영향을 미칠 것'이라며 정기적 임금 인상에 의문을 제기했다. 일본에서 가장 성공한 기업이 통상적인 임금 인상 관행을 바꾸려 하는데, 다른 기업이 임금 인상을 계속할 수 있을 리가 없다. 지금은 당연하다고 인식되지만, 이렇게 해서 개인의 능력과 성과에 따라 임금 인상을 하고 기업은 매년 실시하는 임금 인상이 아닌 보너스 등의 일시금을 지급하게 되었다.

세계에서 가장 돈을 많이 버는 기업의 고용이 크게 늘지 않는 상황에서 다른 기업이 어떻게 적극적으로 임금을 계속 올릴 수 있겠는가. 이런 이유로 전 세계의 기업들은 임금을 올리지 못하고 있다. 이러면 중산층도 커지지 않고 기업이 돈을 벌어도 노동자에게 돌아가지 않으며 결과적으로 사람들의 주머니는 두둑해지지 않으니 소비가 확확 늘지 않는다.

그런데도 미국 기업의 실적은 증대되고 있다. 그리고 이번 분기는 일본 기업도 실적이 크게 향상될 전망이다. 그렇다고 해서 모든 근로자가 대폭적인 임금 인상을 기대하지는 못할 것이다. 능력이 있는 사람이라면 기업은 그에 상당한 보수를 지급하겠지만 쉽고 단순한 작업은 로봇으로 대체할 수 있고 개발도상국의 인력을 이용할 수도 있다. 기업은 가치 있는 노동에 대해서만 정당한 대가를 지급한다. 따라서 세계 전체적으로 보면 기업의 노동자에 대한 분배율은 계속 낮아지고 있다.

마침내 연합과 일본경제단체연합회가 회담을 열고 선언문을 발표했다. 2001년 〈고용에 관한 사회 합의 추진 선언〉이다. 경영진은 고용을 유지, 창출해 실업을 억제하겠다고 했고 노동계는 임금 인상에 유연하게 대응하겠다고 밝혔다. 노동계는 현재 어려운 국제정세와 기업경영의 특성을 감안할 때 고용만 확보되면 임금 등 기득권에 연연하지 않겠다는 자세로 전환한 것이다. 이렇게 해서 21세기에는 노동운동의 주도권이 완전하게 경영자 측으로 넘어갔다. 노사 모두 생존을 위해 고군분투하는 상황이었으니 그만큼 어려운 시대가 온 것이다.

2002년 춘투에서 연합은 임금 인상 통일 요구를 보류했다. 연합은 완전한 전술적 전환을 결정하고 임금 인상 요구를 사실상 포기하고 고용 확보를 최우선으로 요구하기로 결정했다. 그 결과 일본 전체에서 임금 인상 '제로(0)'라는 답변을 받았다. 월급이 오르지 않는 시대가 온 것이다. 이런 상황에서 물가가 오르면 오히려 큰일이 난다. 일본은 월급도 오르지 않고 물가도 오르지 않는 인플레이션 경제와는 전혀 다른 세계로 진입했다.

그런데 그걸로 끝나지 않았다. 월급이 깎이지 않으면 감지덕지하는 냉혹한 현실이 일본 전역을 강타했다. 일본 기업들이 국제 경쟁에서 이기지 못하고 실적이 줄줄이 악화된 것이다. 특히 한때 전 세계적으로 번성했던 '전자산업'이 대만과 한국에 추월당해 고사 위기에 몰렸다.

전자산업계는 임금 동결이 아닌 임금 삭감을 제안했다. 임금을 올려달라고 할 상황이 아니었다. 임금이 유지되면 회사의 존립이 위태로워진다는 이유로 사측은 임금 삭감을 요구했다.

경영진은 임금 인상에 관해 '디플레이션이 우려되는 상황에서 합리적인 임금 수준을 결정하는 법이 무엇인지 숙고하게 되었으며 기업 경쟁력 유지와 강화를 위해서는 명목 임금 수준을 더 올리기는 어려우므로 임금 인상을 논할 시기가 아니다. 아울러 임금 제도 개혁으로 인한 정기 임금 인상 동결과 재검토 등을 노사가 논의하기로 했다'고 밝혔다. 마침내 임금 인상 동결 정도가 아니라 정기 임금 인상 체제를 개혁하겠다고 나선 것이다. 당연히 노동계는 일괄 임금 인상 요구를 포기한 지 오래다.

이런 과정을 거치면서 노동운동의 양상은 반전했다. 노동계가 요구하는 것이 아니라 거꾸로 경영진이 노동계에 현재 상황을 설명하고 도와달라고 소리치는 시대가 되었다. 경영진과 노동계의 입장이 뒤바뀌면서 되레 경영진이 임금 삭감을 요구했다. 그래서 이제 '춘투'를 할 판국이 아니었다. 노사가 함께 경영파탄을 막기 위해 노력해야 할 때가 왔다. 그리하여 노동운동으로써의 춘투는 과거의 일이 되었다.

2002년, 일본경제단체연합회는 '노조가 임금 인상을 내걸고 실력행사를 통해 사회적 횡단화를 이루겠다는 명목하에 투쟁하는 "춘투"는 끝났다'며 일본 내 노동운동의 종식을 알렸다.

과거 춘투의 일등 공신이자 노동운동의 선두에서 싸웠던 합화노련위원장 오타 가오루는 1975년, 석유파동 이후 13.1% 임금 인상을 요구를 관철하지 못하고 춘투의 종언이라며 패배를 선언한 바 있다. 그로부터 27년 뒤, 마침내 노동계는 잠자코 있고 경영진이 오히려 노동계에 임금 인하를 요구하며 경영진이 춘투의 종식을 선언하는 아이러니한 결말을 맞았다.

돌이켜보면 봄에 집중적으로 임금협상을 하는 '춘투'는 임금 인상으로 소비자 물가 상승에 따른 악영향을 피하기 위한 당연한 요구였다. 임금 인상 이야기는 인플레 시대에 당연시되었지만 21세기에 접어들자 특히 일본처럼 디플레이션이 심화된 곳에서는 완전히 시대착오적인 일이 되었다. 인플레이션 시대와 디플레이션 시대는 180도 다르다. 21세기에 들어와 물가가 오르지 않는 시대가 되자 일본에서 임금 인상의 요구는 사라질 수밖에 없었다.

경영진과 노동계, 국가의 목표는 과거 호시절의 산물이었던 '인플레이션 문제'에 대한 대처가 아닌 '디플레이션 극복'으로 방향을 틀었다.

임금 인상을 단념시킨 리먼브라더스 사태

이후 일본의 물가가 진정되고 노동계가 임금 인상을 요구하지 않는 기간이 지속되었다. 한편 일본에서는 21세기에 들어서면서부터 완만한 경기회복세가 이어졌다. 이와 같은 가운데 2008년 리먼브라더스 사태가 터지기 전, 중국을 비롯한 신흥국들의 발전이 두드러졌다. 당연히 원유 등의 수요가 폭발적으로 증가했다.

자원 가격이 천정부지로 뛰어올랐고 때마침 미국에서의 주택 가격 상승이 과열 양상을 보였다. 세계경제가 확대되면서 WTI 원유 가격은 급기야 149달러까지 올랐다. 이런 유가를 비롯한 전 세계 자원 가격의 급등과 세계 경기 확대에 힘입어 2008년, 일본 노동계도 모처럼 임금 인상을 요구하기 시작했다. 유가가 이 정도로 급등하면 물가가 오르는 것은 불가피해 보였고 일본 기업도 경기 확대가 계속됐기 때문에 노동계도 임금 인상을 요구할 만한 명분이 생겼다고 판단했다. 그해 노동계는 오랜만에 임금 인상 요구를 하기로 의견일치를 보였다.

그런데 나쁜 소식은 갑자기 찾아온다. 그해 가을인 9월, 리먼브라더스 사태가 터졌다. 세계 경기는 급격히 냉각되었다. 임금 인상 은커녕 세계가 끝장날 수도 있는 불황에 빠질 것이라는 위기감이 전 세계로 퍼졌다. G7이라는 전통적인 모임에 더해 '세계가 단결해야 한다'는 판단 아래 광범위한 국가 협력을 목표로 G20이 개최되었다. 중국과 신흥국을 포함한 세계 주요 국가들이 힘을 합쳐 리먼 사태 이후의 위기를 극복하려는 기운이 확산된 것이다. 일본에서도 주가가 대폭락했고 유례없는 불경기로 실업률이 5%대 중반까지 올랐다.

이런 상황에서 일본 노동계가 계속 임금 인상 요구를 할 수는 없는 노릇이다. 결국 2009년에는 사상 최대의 임금 인하를 하기에 이르렀다. 비정규직이 해고되어 거리를 헤매는 모습도 언론에 화제가 되었다. 노동계는 오랜만의 임금 인상 요구를 접어야 하는 상황에 몰렸다. 정말 아이러니한 전개였다. 노동자들은 임금 인상을 요구할 계기를 놓쳐버린 것이다.

임금 인상을 주도한 아베노믹스

그리하여 21세기에 들어 임금이 오르지 않는 일본 특유의 경향이 자리잡았다. 국제 경쟁이 심화되는 현실이 일본의 임금 인상을 허용하지 않은 것이다. 그로 인해 물가가 오르지 않고 경제도 성장하지 않는 디플레이션 체질이 굳어졌다. 일단 디플레이션 체질이 되면 사람들은 물가가 오르지 않는 것이 당연하다고 인식한다. 물가는 정체되고 기업은 가격을 올리지 못하고 당연히 임금도 오르지 않는 디플레이션의 악순환에 빠져들었다.

세계는 일본의 상황을 조롱했고 한 번 디플레 상황에 빠지면 좀처럼 헤어나지 못하는 상황을 가리켜 '일본화'라고 불렀다. 어느새 세계의 지식인들은 '우리는 일본처럼 되어서는 안 된다'며 반면교사로 삼았다. 일본의 상황과 정책은 이처럼 디플레이션에 빠진 나쁜 사례로 연구되기 시작했다.

21세기에 들어서 아시아 국가들은 크게 바뀌었다. 동남아시아의 모든 나라가 발전했고 이웃한 중국은 괄목할만한 경제 성장을 이루었다. 중국은 과거 일본처럼 매년 두 자릿수의 경제 성장률을 기록하는 기적적인 성장을 이어가고 있다.

유감스럽게도 2010년, 일본과 중국과의 GDP가 역전되었다. 이후에도 중국의 성장세는 멈추지 않았다. 물론 두 자릿수 성장세는 자취를 감추었지만 그래도 높은 성장률을 유지하고 있다.

어느새 일본만 뒤처지는 분위기가 되었다. 세계는 일본을 '재패니피케이션(Japanification, 일본화)'이라 하여 디플레이션에 빠진 저성장 국가의 대명사로 불렀다. 2012년 말 출범한 제2차 아베 신조 내각은 과거의 고도성장까지는 아니더라도 어떻게든 복잡한 현 상황을 타개하고 성장 노선으로 돌아가야 한다는 위기감을 느꼈다. 그들은 경제정책을 확 바꾸어 일본의 경제 성장을 되살리려는 목표로 개혁을 추진했다. 아베 내각은 디플레이션에서 벗어나기 위해 '아베노믹스'라는 대담한 경제정책을 시행했다. 대규모 금융 완화와 공공투자 중심의 재정 정책을 펴면서 구조 개혁을 이룸으로써 일본이 활력을 되찾고 부흥할 수 있게 하려는 것이다. 아베 총리는

'일본을 되찾겠다'며 과감히 개혁에 나섰다.

아베노믹스가 추진한 것 중 하나가 임금 인상의 부활이었다. 정부는 디플레이션에서 탈출하려면 임금이 인상되어야 한다고 생각했다. 아베 정권은 재계에 임금 인상을 요구했다. 그는 '경기를 호전시켜 기업 실적이 향상되도록 하고 그와 동시에 임금을 인상하는 방향으로 경제를 이끌어야 한다'며 임금을 인상해서 '개선된 경제를 일본 전역에 확산하여 선순환 구조를 만들어야 한다'고 했다.

이렇게 '정부가 기업에 임금 인상을 요구하는' 아주 특이한 구도가 생겼다. 보통은 노동계가 사측에 임금 인상 등의 까다로운 요구를 하고 협상이 좀처럼 타결되지 않으면 정부가 개입해 노사 간 중재에 나선다. 아니면 정부가 협상가가 되어 노조의 과격한 요구에 대해 노동자를 달래거나 경영진과 함께 노조를 비판한다.

대체로 정부는 임금 인상 운동에 관해서는 경영자 편에 선다. 남미 등 좌파 정권은 다를 수 있지만 일반적으로 극단적 좌파 정권이 집권하면 나라가 이상해진다. 베네수엘라와 아르헨티나가 좋은 예이고 좌파 정부가 노동자에 너무 치우친 정책을 펴 나라가 제대로 나아가지 못하는 경우도 역사적으로 많이 있었다.

그러나 일본의 경우 강한 우파 성향인 자민당 정권이 집권했고 자민당 주류에 해당하는 아베 정권이 노동자 측에 서서 경영진에게 임금 인상을 요구하니, 이는 역사적으로 봐도 '희소한 사례'라 할 수 있다. 그때까지 노동계는 완전히 힘을 잃고 있었다. 임금 인상은 원래 노동조합이 하며 노동자의 권리를 대변하는 정치 세력이 그들을 옹호한다. 그런데 우익 성향이 강한 자민당 정권이 임금 인상을 요구하다니, 일본의 노동운동과 노사 관계의 추가 얼마나 한쪽으로 기울어져 있었는지 알 수 있다.

이렇게 정부의 힘과 경영진의 의식 변화에 힘입어 2014년과 2015년에 임금 인상이 시행되었다. 2015년 임금 인상률은 2.8%로 1998년 이후 가장 높았다. 그러나 이런 선순환은 계속되지 못했다.

전국적인 임금 인상의 반대 운동

외식업계는 '최저임금 인상은 코로나 참사로부터의 회복을 늦출 것이다!'라고 주장하며 최저임금 인상 요청에 위기감을 드러냈다. 코로나로 손님의 발길이 끊겨 숨쉬기도 어려운데 비용이 증가하면 더 이상 버티지 못한다. 일단 살아남는 게 중요하다. 현재 상황에서는 최저임금 인상 등의 비용 증가를 도저히 받아들일 수 없다. 요구를 하더라도 '시기를 생각해 달라'는 뜻이다. 그러나 앞서 말했듯이 일본이 오랜 디플레이션 상황에서 벗어나지 못하는 가장 큰 이유는 임금이 너무 낮아 국민들의 구매력이 높아지지 않는 현실이 있었다. 어떡하든 최저임금 수준을 올리는 것이 급선무라는 인식이다.

2021년 5월 14일, 스가 정권 경제재정자문회의는 여름에 결정될 최저임금 개정액을 '약 3% 인상'하는 안을 제시했다. 제언 안에는 '빠른 경제회복을 도모하기 위해서도 코로나 이전까지 인상된 성과를 고려해 시급 1,000엔이 되는 것을 목표로 해야 한다'는 내용이 담겼다. 최저임금 수준을 살펴보면 아베노믹스 이후 정부 정책에 힘입어 해마다 증가하고 있다. 최저임금은 2014년도 시급 764엔에서 매년 3% 이상씩 계속 올랐다.

그러나 2020년도에는 인상 폭이 1엔으로 그쳐 전국 평균 902엔을 기록했다. 최저임금 1,000엔은 정부와 노동계의 숙원이기도 하다. 그러나 전국 중소기업을 비롯해 거센 반발의 목소리가 터져 나왔다.

중소기업이 대기업처럼 돈을 벌고 있다면 몰라도 중소기업의 당시 상황은 어려웠고 코로나 확산으로 큰 타격을 입고 있었다. 비단 외식업계만 비명을 지르는 것이 아니었다. 회사가 돈을 못 버는 상황에서 임금만 오르면 경영할 수가 없다. 중소기업은 임금 인상을 요구하기 전에 현실을 이해해 달라고 호소했다.

4월 15일, 일본상공회의소 등 3개 경제단체가 기자회견을 열었다. 미무라 아키오(三村 明夫) 회장은 '일단 정해진 최저임금이 인하되지 않은 상태에서 경기침체로 경영상황이 악화되면 기업들은 고용을 조정해야 할 것'이라고 말했다. 현실을 지나치게 무시하고 최저임금 인상을 강행하면 기업으로선 오히려 고용을 줄일 수밖에 없고 결국 일본 전체의 일자리가 줄어들 수 있다는 것이다. 한국의 문재인 정부가 똑같이 최저임금 인상을 강행했지만 그 결과는 한국 경제만 악화시킨 것으로 보인다. 생산성이 향상되어 중소기업이 충분한 급여를 지급할 수 있는 체제를 갖추는 것이 우선인데, 그전에 정부가 나서서 최저임금 인상을 강행한다면 혼란이 불가피하다는 것이다.

실제로 일본상공회의소가 전국 중소기업을 대상으로 설문 조사를 한 결과가 다음과 같다. 전체 기업의 55%가 최저임금이 부담된다고 답했다. 중소기업 경영자들이 노동자들보다 더 절박한 비명을 지르고 있었다.

실제 최저임금 수준을 보면 2014년에 780엔이었던 시급이 2020년도에는 902엔으로 올랐다. 15%의 상승폭이다. 그런데 같은 기간 소비자 물가 상승률은 2%에 불과했다. 중소기업의 경영환경이 어려워질 수밖에 없다. 정부가 노동자 쪽에 눈을 돌려 최저임금을 올리려는 심정은 이해하지만 일본 전국의 중소기업도 노동자 못지않게 취약하니 현실을 직시하고 무모한 정책을 중단하기를 바라는 마음일 것이다.

그러나 최저임금 1,000엔은 이 정권의 숙원이기도 했다. 일본 정부는 2016년 이후 '경제 재정 운영과 개혁의 기본 방침'에서 이른바 '골칫거리'인 최저임금을 1,000엔으로 올리겠다는 방침을 분명히 했다. 총리는 '우리는 최대한 빨리 전국 평균을 1,000엔으로 올리는 것을 목표로 하고 있다'고 발언했다. 이 부분에서 일본 경제가 안고 있는 딜레마를 엿볼 수 있다.

정부에게 중소기업들의 비명이 들리지 않을 리가 없다. 그러나 정부는 최저임금을 1,000엔 수준으로 올리는 것은 필수 명제라고 생각했을 것이다. 최저임금을 올리지 못하는 이유는 일본 전역의 중소기업이 돈을 벌지 못하기 때문이다. 그렇다면 최저임금 1,000엔을 못 주는 기업은 도태되고 생산성이 높은 기업은 살아남거나 다시 태어나야 한다.

실제로 세계를 돌아보면 독일의 최저임금은 일본 엔화로 시급 1,200엔이다. 미국에서는 맥도널드가 오는 2024년, 시급을 15달러(일본 엔으로 시급 1,600엔)로 책정하겠다고 발표했다.

이에 더해 아마존은 시급을 17달러(시급 1,900엔)로 올리겠다고 했다. 미국에서 인기 있는 기업이 1,600엔이 넘는 시급을 주고 사람을 채용하겠다고 하는데, 일본에서는 아무리 중소기업이라 해도 그렇지 시급 1,000엔을 줄 수 없다고 한다. 상황이 그렇다면 유감스럽지만 그런 기업은 없어지고 강한 기업이 살아남는 편이 일본 전체를 위하는 길이라고 생각했을 것이다. 일본의 중소기업 보호 정책은 과도하다는 뜻이다. 또한 일본은 저출산 고령화로 노동력이 점점 부족해지고 있다.

이런 상황에서 젊은이를 비롯한 귀중한 노동력이 생산적인 분야에서 일하지 못하게 되면 일본 전체가 약화될 것이다.

생산성이 높아야 임금을 지급할 수 있고 생산성이 떨어지면 당

주요기업 춘계 임금 인상률 (1956~2019년)

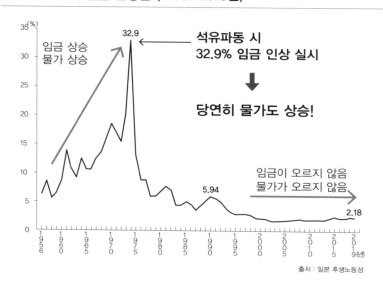

출처 : 일본 후생노동성

연히 지급할 여력이 없다. 그런 곳에 귀중한 노동력을 공급할 여유가 없다는 논리다.

잔인한 이야기지만 이것이 일본의 현실이다. 과도하게 보호 정책을 펴면 이른바 좀비 기업, 생산성이 떨어지는 기업을 필요 이상으로 오래 살게 만든다. 일본 경제정책의 문제점은 이 같은 과도한 보호 정책이라고 할 수 있다.

하루가 다르게 글로벌화가 진행되고 있다. 이제 세계는 슈퍼스타 경제라 불리며 극소수의 상위 기업들만이 혜택을 받게 되었다. 애플, 아마존, 페이스북, 구글, 마이크로소프트 등 세계에 군림하는

IT 기업이 부를 독점했다. 이들 거대 IT 기업은 엄청나게 쌓인 자금을 어디에 투자할까?

이 자금은 당연히 노동자에게는 거의 분배되지 않으며 자본, 즉 기업 내에 축적되거나 자사주 매입이나 배당으로 주주에게 환원된다. 기업의 이익은 주주에게는 후하게 분배되는 구조다.

이러면 당연히 주가가 계속 상승한다. 노동 분배율 저하라는 이 같은 세계적 추세는 진정되기보다 더욱 확산될 것이다. '임금도 오르지 않고 물가도 오르지 않고 주식만 오르는' 절대적 흐름은 앞으로도 가속화될 것이다.

제 2 장

중국공산당 창립 100주년의 궤적

중국은 세계의 '밉상'인가?

'시진핑 주석을 당의 중심으로 굳게 단결하자'는 현수막이 중국 전역에 걸렸다. 중국에는 중국공산당 창립 100주년을 맞아 온통 축하하는 분위기로 가득했다. 그 가운데 시진핑 주석의 권위를 더욱 높이려는 다양한 선전 공작이 이루어졌다. 세계의 '밉상'이 된 중국은 공산당이라는 일당독재 체제하에 강대국으로 올라섰고 이제는 민주주의 진영에 가장 큰 위협이 되었다. 중국은 앞으로 어떻게 될까? 공산당 100주년을 돌아보고 시진핑 정부의 미래와 문제점을 살펴보자.

세계와 중국의 온도 차가 확연하다. 중국 내에서는 '공산당 100주년 축하 분위기'로 가득하지만 세계는 그 행사를 완전히 무시했다. 선진 7개국 여론조사에 따르면 시진핑에 대한 평가는 사상 최저로 떨어졌으며, 대다수는 '시진핑을 거의 또는 전혀 신뢰하지 않는다'고 응답했다.

시진핑에 대한 일본인의 불신감은 가장 심해서 무려 86%가 그를 신뢰하지 않는다고 답했다. 일본 정부도 특별한 대응은 일절 하지 않는 모양새로 '일반론으로써 정부는 다른 나라 정당에 관해 특별한 대응을 할 계획이 없다'고 냉담하게 발언했다.

중국공산당은 대단히 특이하고 유연성을 갖춘 뛰어난 정당이라고 생각한다. 공산당이 출범한 당시의 마르크스 레닌주의를 지금도 신봉하는 당원은 아무도 없을 것이다. 중국공산당은 그 사상을 교묘하게 변용하여 시대에 잘 적용해서 중국을 하나로 묶는 데 성공했고 여러 가지 어려움을 극복해왔다.

이 초석을 다지고 어려움을 극복한 인물로 당을 창립한 시기의 마오쩌둥과 덩샤오핑이라는 '두 거인'의 존재를 빼놓을 수 없다. 마오쩌둥은 중국인에게 최고의 영웅이다. 그는 강한 카리스마를 풍기는 지도자였으며, 군사전략의 천재이기도 했다. '정권은 총구에서 나온다'는 말이 마오쩌둥 어록으로 남았을 정도이며 여기에는 마오쩌둥이 살았던 시대 배경도 관련이 있다.

마오쩌둥은 중국이 사실상 식민지 상태에서 벗어난 혼란기에 살았고 혁명가로서 중국의 해방을 이끌었다. 그는 '혁명은 폭동이며 한 계급이 다른 계급을 쓰러뜨리는 치열한 행동'이라고 정의하고 농민을 비롯한 국민을 하나로 단결시켜 계급투쟁이라는 명목하에 혁명을 주도했다. 그리고 일본과 중국 내전이었던 국민당과의 전쟁에서 승리했다. 마오쩌둥의 지도 아래 중국공산당은 중국 전역을 통일하는 데 성공했다.

전투 중에는 모두 하나로 뭉쳐서 목표만 보며 전진하지만 싸움에 이겨 국가를 만들어가는 다음 단계가 되면 당연히 지도자에게 다른 자질을 요구하게 된다. 마오쩌둥은 국가를 통일했다는 업적을 세웠지만, 그 후 권력투쟁으로 문화대혁명을 일으키고 중국 경제를 파멸시켰다. 문화대혁명에서는 기근과 숙청, 무장투쟁 등으로

2천만 명이 넘는 희생자가 나왔다고 한다. 마오쩌둥은 혁명가이자 군인이지만 나라를 만드는 데는 적합하지 않았다는 의미일 것이다. 다행히 마오쩌둥의 뒤를 이어 덩샤오핑이 권력을 장악했다. 이것이 현대 중국의 초석을 세운 전환점이 되었다.

이런 혁명과 투쟁의 대혼란기에서 싸움이 끝나고 국가를 만드는 시기가 시작하는 과정에서 혼란이 발생하고 지도자가 교체되는 것은 종종 있는 일이다. 이 과정이 잘되지 않으면 국가가 발전하지 못한다. 일본의 역사에서 메이지유신의 일등 공신을 꼽으라고 하면 일반적으로 사이고 다카모리(西鄕 隆盛)가 가장 많이 거론된다. 그는 군의 참모로 전쟁을 주도해 승리했고 국민적인 인기도 높다.

그런데 메이지 정부가 출범하자 사이고의 거처가 불투명해졌다. 당시 사이고는 전국에 흩어져갈 곳을 잃은 사무라이들의 분노를 대변해 전쟁을 계속하자는 '정한론'을 강하게 주장했지만 정쟁에 패배해 하야했다. 그 결과 사이고의 맹우(盟友)로 불리는 오쿠보 도시미치(大久保 利通)가 일본 정부의 핵심 인물이 되었다.

일본의 역사를 되돌아보면 이렇게 나라를 움직인 지도자들의 교체로 순조롭게 국면 전환이 되었기 때문에 메이지 시대의 일본이 발전할 수 있었다. 또 다른 예로 도요토미 히데요시가 사망한 이후 생겼던 혼란을 들 수 있다. 그가 천하를 차지하자 전쟁이 종식되고 나라를 만드는 것이 중요한 과제가 되었다. 그래서 히데요시는 이시다 미쓰나리를 중용했다. 뛰어난 관리인 이시다는 다양한 개혁을 단행했다.

그런데 히데요시가 사망한 뒤 히데요시 생전의 강력한 권력을 갖고 있던 무사 가토 기요마사와 후쿠시마 마사노리 등의 불만이 커지면서 이시다와의 갈등은 점점 깊어졌다. 이렇게 해서 가토와 후쿠시마는 도쿠가와 이에야스와 함께 세키가하라에서 전투를 벌이게 되었다.

이렇게 큰 힘을 가진 권력자가 죽고 나면 그 자리를 차지하기 위한 치열한 다툼이 벌어지기 마련이다.

당시에는 나라가 통일된 지 얼마 되지 않아서 더욱 불안정했을 것이다. 결국 다시 한번 권력다툼이 벌어지는데 이것이 세키가하라 전투다. 도쿠가와 이에야스가 패권을 얻고 일본을 안정시켰지만 그렇게 되기까지는 수많은 우여곡절을 겪어야 했다.

이처럼 역사를 살펴보면 정권교체가 순조롭게 진행되는지가 중요한 관전 포인트다. 거대한 무력을 가진 인물에서 국가 건설이라는 전혀 다른 능력을 지닌 인물이나 지도자에게 실질적인 권력이 이양될 수 있느냐가 관건이다.

마오쩌둥에서 덩샤오핑 시대로 바뀌다

중국도 마찬가지다. 문화대혁명 후 마오쩌둥에서 덩샤오핑으로 권력이 넘어가는 과정은 혼란스럽고 위험한 상황이었다. 공산당 내

권력이 마오쩌둥에서 실무가인 덩샤오핑으로 넘어갔던 것이 훗날 국가 발전으로 이어진 것으로 보인다. 1976년 마오쩌둥이 사망함으로써 권력 이양 과정에 혼란이 있긴 했지만 성공적으로 정책 전환이 이루어졌다고 할 수 있다. 이렇게 보면 중국공산당 역사상 최대의 위기는 문화대혁명이라는 마오쩌둥의 실패를 뒤처리하는 것이었다. 중국공산당은 문화대혁명의 대혼란, 말하자면 집권층의 정책 실패를 마오쩌둥에서 덩샤오핑으로 권력자를 교체하는 방식으로 능수능란하게 넘겼다.

"그래도 역시 마오쩌둥이에요."

중국 여행 중 신세를 진 가이드는 중국인들의 마음을 대변하듯 마오쩌둥의 인기를 지적하며 이렇게 말했다. 2017년, '아사쿠라 게이(朝倉 慶)의 중국 유령도시 시찰 여행'이라는 이름으로 내몽골 지구의 오르도스를 방문한 적이 있다. 그때 우리 쪽, 경제에 밝은 사람들이 많이 가니까 '경제 지식이 있는 분을 부탁드린다'고 요청했다. 여행사는 상당한 지식이 있는 사람들을 가이드로 소개해주었다. 그는 나에게 여러 흥미로운 일을 알려주었고 우리는 중국과 일본에 대해 활발하게 토론했다.

가이드인 그는 천안문 사태가 일어나기 전까지 중국 정부의 중심부에서 일했고 천안문 사태 때는 민주파에 있었다고 한다. 그런데 천안문 사태로 인해 보수파가 권력을 잡으면서 민주파가 일소되었고, 그때부터 그는 정부 관련 일을 할 수 없게 되어 정부에서 쫓

겨났다.

"그때 민주파가 승리했다면 저는 지금쯤 외교부 장관이 되었을 거예요."

그는 웃으면서 이렇게 농담했다. 결국 그는 일본어 지식을 살려 가이드가 되었다. 그런 경력이 있는 만큼 해박하고 일본어로도 자유롭게 토론할 수 있고 정치에 관한 심도 있는 이야기도 가능했다.

정치적인 얘기를 이렇게 해도 되느냐고 물었더니 "괜찮아요, 아무도 안 듣고 있으니까요"라며 속마음을 들려줬다. 나는 그가 중국에 대해 한 현실적인 이야기가 지금도 똑똑히 기억난다. 그는 '중국에서 민주주의는 불가능하다'고 잘라 말했다.

"일본은 섬나라이고 중국이 보기에는 작은 나라입니다. 그래서 의견이 첨예하게 갈려도 나중에는 정리가 됩니다. 하지만 중국은 넓고 민족도 인구도 많습니다. 우리가 일본처럼 민주주의로 가면 혼란이 오고 수습이 안 될 겁니다. 그러면 나라가 하나로 뭉쳐지지 못합니다."

나는 그 의견을 이해할 수 있었다. 그는 심지어 젊은 시절 민주화를 위해 싸운 사람임에도 불구하고 민주주의는 중국에 어울리지 않는다고 느끼는 것이다.

이렇듯 중국에서는 현재 중국공산당의 통치에 대해 긍정적인 시각이 많음을 느낀다. 시진핑 정권에 대한 지지율은 상당히 높다고 하는데, 그것은 당국이 발표한 허위 사실이 아니며 정말로 지지율이 높은 게 아닐까. 과거 유럽, 미국, 일본 등 민주주의 국가들은 경제가 발전하면 중국 내에서도 사람들의 정치의식이 높아져 일당 독재 체제인 공산당에서 민주 정치 체제로 변화할 것이라는 시각이 지배적이었다. 그런데 지금은 정치 체제의 변화는 앞으로도 일어나지 않을 것이라는 시각으로 바뀌었다. 중국의 일당독재 체제의 기세는 전혀 수그러들지 않는다. 오히려 IT 기술의 발전으로 정부가 개인정보를 전면 통제할 수 있게 되면서 중국의 독재체제가 한층 강화되는 모양새다.

민주주의 체제에 사는 사람들은 민주화와 자유선거가 옳고 중국인들도 틀림없이 자유를 원할 것이라고 믿는 경향이 있다. 하지만 나는 오늘날 대다수 중국인이 그런 생각을 하지 않는다고 느낀다. 중국에서도 수많은 학생이 해외 유학을 하고 있으므로 해외 사정에 매우 밝은 사람들이 상당히 많을 것이다. 물론 공산당이 불리한 사실을 은폐하긴 하지만 그래도 어느 정도의 진실은 알 수 있다. 그런데도 중국 국내에 민주화를 갈망하는 목소리가 거의 나오지 않는 배경에는 가이드인 그가 지적한 것 같은 생각, 이른바 '나라가 하나로 뭉쳐지지 않으면 안 된다'는 생각이 깔려 있어서일 것이다.

게다가 중국은 1840년 아편전쟁을 계기로 서구열강에 실질적으로 식민지가 된 과거가 있다. 공산당 창립 100주년을 맞은 지금, 100년 전인 1921년 중국은 사실상 식민지 상태였던 셈이다. 국가로써 혹은 중국 국민으로서 대부분이 이에 대해 느낀 바가 있지 않을까? '나라가 갈라지면 힘을 발휘할 수 없다', '한 발짝만 삐끗하면 나라가 궁지에 몰릴 수 있다'는 민족 차원에서의 깊은 반성이다. 일본인에게는 전쟁에 패하고 히로시마와 나가사키에 원자폭탄을 투하당한 비극적인 과거가 있다.

일본의 경우 '일본은 자국의 힘의 한계를 깨닫고 무모한 전쟁을 하지 않아야 한다', '미국과 같은 국제사회와 협조해야 한다'는 민족적 반성이 있을 것이다. 이렇게 지난 100년, 일본과 중국은 격동의 시대를 겪어왔다. 이 역사적 경위에서 일본인과 중국인은 깊은 반성과 함께 관점을 바꿨을 것이다.

가이드인 그는 중국인들 사이에서 마오쩌둥의 절대적인 인기를 지적했다. 각 나라마다 국민적 인기를 누리는 역사적 인물들이 있다. 일본에서는 오다 노부나가, 도요토미 히데요시, 도쿠가와 이에야스 등 전국 시대 무장들이 인기가 많고 메이지유신 이후에는 사이고 다카모리, 사카모토 료마 등을 들 수 있다.

그중에서도 사이고 다카모리는 메이지유신의 주역으로 독보적인 인기를 얻고 있다. 그는 무장이자 전투를 이끈 장군이었다. 정이 많고 신의가 두터운 점은 일본인들이 선호하는 품성이기도 하다. 사이고는 세이난 전쟁에서 당시 메이지 정부의 적으로 지목되어 목숨을 잃었다. 특별한 공적을 세운 죽음은 아니었지만 사이고는 일본인의 감성을 건드리는 점이 있는 것으로 보인다.

마오쩌둥을 의식하는 시진핑의 연출

　마찬가지로 마오쩌둥은 중국인의 감성을 건드리는 부분이 있을 것이다. 그는 만년 문화대혁명이라는 큰 실책을 범하고 중국 전역을 엄청난 혼란에 빠뜨린 책임에서 자유롭지 못하다. 하지만 중국인들은 그 사실에 눈을 감고 국가를 승리로 이끌고 통일한 공적만 높이 평가한다. 풍모와 카리스마도 마오쩌둥이 독보적 인기를 누리는 이유일 것이다. 공산당 창립 100주년 기념 연설에서 시진핑 주석은 마오쩌둥을 크게 의식한 연출을 했다. 연단에 서 있는 공산당 간부들은 하나같이 넥타이와 양복 차림이었지만 주인공인 시진핑만은 인민복을 입고 연설했다. 그 모습은 마오쩌둥을 연상시켰으며, 시진핑 주석이 마오쩌둥을 의식해서 연출한 것임이 분명했다. 마오쩌둥, 덩샤오핑, 장쩌민, 후진타오, 시진핑 등 역대 중국공산당의 일인자 중에서도 시진핑 주석은 마오쩌둥과 어깨를 나란히 하는 지도자로 평가받고 마오쩌둥에 버금가는 실력과 인기를 얻고 싶다는 '욕망이 표현'된 모습이다.

　참고로 이번 행사 직전 중국에서는 중국공산당의 과거를 돌아보는 영상이 널리 방송됐다. 공산당의 행보를 네 시기로 나누었는데, 1기와 2기는 혼란에 빠진 나라를 통일하는 마오쩌둥의 시대를 보여준다. 3기는 덩샤오핑, 장쩌민, 후진타오가 등장하는 경제 발전 시기다. 그리고 4기인 시진핑의 시대를 보여준다. 이 구성에 관해 일본과 서구 언론은 '시진핑이 지나치게 자신을 강하게 내세운다', '시진핑 자신을 마오쩌둥과 비견하는 지도자로 연출하여 자신의 모습을 공산당 지도자 중에서도 각별한 존재로 보이게 한다'는 비판이 일었다. 그 말처럼 공산당 창립 100주년이라는 시기에 시진핑이 자신의 권위를 강화하고 있는 것은 분명하다. 그렇지만 중국공산당이 1기부터 4기로 역사를 구분하는 방식은 합리적인 면도 있다. 나라를 일으키는 마오쩌둥의 시대와 경제 발전에 매진하여 성공한 덩샤오핑으로부터 시작해 장쩌민과 후진타오의 시대, 이제 앞으로 중국이라는 나라가 저성장기에 진입해 과거의 고도성장에서 어려운 국면으로 넘어가는 4기를 이끌어가는 시진핑의 시대로 구분한 것이다. 시진핑 자신은 마오쩌둥과 대등한 지도자로 자리매김하고 싶겠지만 실제로는 고성장에서 저성장으로 돌입하는 가장 불안정하고 혼란스러운 시기를 이끌어가야 한다.

지금 중국에서는 대학졸업자가 1천만 명에 이르지만 고학력에 걸맞은 일자리를 거의 찾을 수가 없다. 대학을 졸업하고 공장 노동자 같은 일에 취업해야 하는 상황인 것이다. 앞으로 IT는 더욱 고도화될 것이며 2019년, 중국의 지니계수(빈부격차 대표 지수)는 0.465를 기록했다.

일반적으로 지니계수가 0.4를 넘으면 사회가 혼란에 빠진다고 본다. 중국의 빈부격차는 간과할 수 없는 지경에 이르렀고 공산당이 말하는 평등사상은 완전히 사라지고 있다.

2020년 5월, 리커창 총리는 전국인민대표대회 기자회견에서 '중국에는 월수입이 1,000위안(약 1만 7,000엔)인 사람이 6억 명이나 된다'고 말했다. 충격적인 발언이었다. 중국이 아직도 그렇게 가난하다는 것을 시사하는 놀라운 말이었다. 이는 일부 부유층, 즉 부자들이 막대한 자산을 독점하고 있다는 것을 의미한다. 이 격차는 매우 크다고 할 수 있다. 선전과 상하이 등 주요 도시에서는 집값이 연 수입의 3배를 넘는다고 한다.

이제 중국은 세계에서 자본주의가 가장 널리 퍼져 있는 나라이며, 그 격차는 상상을 초월할 정도다.

이런 때 저성장의 시기에 들어가면 국민의 불만이 폭발할지도 모른다. 어려운 국면으로 가는 마당에 더 강력한 독재정권을 만들지 못하면 중국에 대한 통제력을 잃을 수도 있다.

시진핑은 그의 임기를 연장하고 그가 남은 평생을 지도자로 지낼 수 있는 체제를 만들기 위해 노력하고 있다. 이 또한 사회가 불안정해질 것을 예측하고 점점 더 그런 정세가 되고 있는 중국의 상황에서 나온 정책임을 이해해야 한다.

아버지 시중쉰의 고난

잠시 유년기 시진핑의 성장 과정과 아버지 시중쉰(習仲勳)을 살펴보자. 시진핑은 어린 시절 아버지가 문화대혁명으로 유폐되어 극심한 가난에 시달렸다고 한다. 어린 시절의 고난이 시진핑을 인내심 강한 사람으로 만들었다.

문화대혁명 동안 그의 아버지는 마오쩌둥의 명령에 따라 공산당 간부의 지위에서 실각했다. 어린 시절에 겪은 고생을 생각하면 시진핑은 마오쩌둥을 비판적인 시각으로 보는 것이 자연스럽다. 하지만 그는 공산당 창당 100주년 연설에서 문화대혁명 등 중국 역사의 어두운 부분인 마오쩌둥에 대한 비판을 잠재우려고 노력했다. 왜 시진핑은 마오쩌둥을 재평가하려고 했을까? 자신의 아버지를 유폐하고 가족을 궁지에 몰아넣은 마오쩌둥을 원망하지 않을까? 시중쉰의 이력과 삶의 방식을 살펴보자.

시중쉰 연표

1928년 중국공산당 입당 이후 당, 정, 군 공작의 중심인물이 됨

1949년 중화인민공화국 수립

1952년 당 중앙선전부장

1956년 당 중앙위원

1959년 국무원 부총리 겸 비서장

1962년 마오쩌둥의 비판을 받고 실각(1962~1978년 6년간 구속)

1978년 명예 회복 후 광둥성 제1서기 취임

시중쉰은 마오쩌둥과 함께 중국공산당의 일등 공신이자 간부였

으며 중화인민공화국을 수립하는 데 힘쓴 인물이다. 그런 사람이 구속된 것은 중국 역사의 어두운 면을 반영한다. 그의 아들 시진핑이 공산당의 우두머리가 되다니 운명이란 참 알 수 없는 것이다. 시진핑은 문화대혁명의 부정적 측면을 봉합해 마오쩌둥의 권위를 부활시키는 한편으로 마오쩌둥 같은 권력을 갈망하는 모습도 느껴진다. 시진핑 자신도 문화대혁명의 어두운 면, 다시 말해 독재정권의 위험성을 속속들이 알고 있다.

아이러니하게도 시진핑은 마오쩌둥처럼 절대 권력 아래 자신이 '중국몽(차이나 드림)'을 실현하는 데 앞장서고 있다. 어린 시절 시진핑은 자신의 경험으로 문화대혁명과 마오쩌둥을 몹시 싫어했을지도 모른다. 그런 그가 마오쩌둥에게 한없이 가까워지려는 모습이 위태위태하다. 이제 '중국몽'이 무엇인지 살펴보자.

내셔널리즘을 부추기는 중국

"모든 사람은 이상과 추구하는 것, 자신만의 꿈이 있습니다. 현재 모두가 중국의 꿈에 대해 이야기하고 있습니다. 나는 '중화 민족의 위대한 부흥'을 이루는 것이 근대 이후 중화 민족의 가장 큰 꿈이라고 생각합니다. 이 꿈에는 여러 세대에 걸친 중국인들의 숙원이 응축되어 중화 민족과 중국 인민 전체의 이익이 구체적으로 나타나 있으며, 중화 민족 한 사람 한 사람이 함께 그 꿈이 실현되기를 기다리고 있습니다."

(2012년 11월 15일, 중앙정치국상무위원회 시진핑 연설)

이 발언에는 시진핑의 생각과 목표가 분명히 드러난다. 연설에서는 '중화 민족'이라고 말했지만 사실 중화 민족이라는 민족은 존재하지 않는다고 한다. 중국을 지배하는 것은 한족이며, '중화 민족'이라는 말은 중국의 방대한 민족, 한족뿐 아니라 몽골족, 티베트족, 조선족, 위구르족 전체를 일컫는다. 이는 중국 내 모든 민족의 결속을 도모하기 위한 궤변일 것이다. 중국공산당이 목표로 하는 것은 한족이 지배하는 국가로써의 중국이다.

한족은 중국뿐 아니라 전 세계로 지배 영역을 확장하려고 한다. 한족을 중심으로 중국의 세력권을 중국공산당의 힘으로 넓히겠다는 야심이 매우 강하다고 생각한다. 어느 민족이든 민족의 자긍심을 고취하는 지도자를 좋아하기 마련이다. 지도자가 민족의 자존심을 바탕으로 자랑스럽게 나라를 운영하는 것은 나라를 통치하는 상투적인 수단이지만 매우 중요하다. 지도자의 기질에 따라 다르겠지만 자국민의 우수성을 강조하는 것은 매우 보편적인 방법이다. 그런데 민족의식이 너무 강하면 내셔널리즘이 강화되어 외교관계에서 마찰을 일으킬 가능성이 크다. 한 나라를 통치할 때는 이러한 관점에서 국민의 인식을 조절하는 것도 중요하다.

민족주의는 국민을 우쭐하게 한다. 자국 민족의 우수함을 들으면 자부심과 의욕이 생기기 때문이다.

직장에서도 효과적으로 인력을 활용하기 위해 부하 직원에게 자신감을 주고 동기부여를 한다. '자네는 능력이 있어', '열심히만 하면 큰일을 할 수 있어', '정말 잘했어'라고 그 사람의 능력과 재능을 인정하는 등 여러 가지 방법으로 의욕을 끌어내는 것이다.

이와 마찬가지로 내셔널리즘을 부추겨서 국민을 고무하는 것은 국민에게 자신감을 느끼게 한다는 의미에서 효과적이다. 우리 민족이 우수하다는 말을 듣고 기분 나빠할 사람은 아무도 없다. 그래서인지 요즈음은 지도자들이 내셔널리즘을 조장하는 일이 종종 있다.

미국 트럼프 전 대통령만 해도 '미국 제일주의(America first)'라는 문구를 내걸고 국민들의 자긍심을 고취시켰다. 미국 제일주의의 배경에는 미국은 위대하고 미국인은 뛰어나다는 심리가 깔려 있다. 트럼프가 연설에서 '미국이 제일'이라고 외치면 청중들은 환호했다. 그 자리에 있으면 대중의 흥분한 분위기에 취해 일체감이 생기고 기분이 좋아진다.

트럼프의 연설은 엄청난 인기를 끌었다. 마치 록 콘서트에서 흥분한 청중이 가수와 한마음이 되는 것과 같다. 자부심을 건드려 관중을 일체화하는 방법이다. 트럼프가 블루칼라 백인층에 압도적인 인기를 얻은 것은 과거 자신들만이 '풍요로움'을 누렸던 백인 천하 시대에 대한 향수를 자극했기 때문일 것이다. 미국에서도 세계적 흐름에 따라 제조업에 종사하던 노동자들이 중국을 비롯한 신흥국에 일자리를 빼앗겼다. GM과 포드 공장 노동자는 원래 평생 한 직장에서 일하며 급여를 받고 안정적인 생활을 할 수 있었다. 그런데 글로벌화가 닥치면서 사정이 달라졌다. 수많은 블루칼라 백인들이 직장을 잃고 자존심에 상처를 입었다.

이런 노동자들에게 한 줄기 희망의 빛을 준 것이 트럼프였다. 백인 노동자들은 자신의 불만을 자기 책임으로 돌리지 않고 정치나 타국, 사회 탓으로 돌림으로써 기분이 좋아졌다. 그리고 쌓이고 쌓인 분노의 화살을 정치와 타국에 돌렸다. '우리가 아니라 외부 환경과 다른 나라가 잘못한 것'이라고 생각하게 만든 것이다. 이런 수법은 '민중을 호도하는 포퓰리즘'으로 불리며 과거에서 지금까지 거의 변하지 않았다.

그러나 악당을 만들어 국민을 달래는 방법은 후에 문제를 일으킬 가능성이 크다. 갈등과 분열이 심해지기 때문이다. 지금 미국은 그런 상태다.

아돌프 히틀러도 그랬다. 그는 제1차 세계대전으로 폐허가 된 독일인을 고취시켰다. 히틀러는 '이제 더 이상 우리는 패자가 아니다! 세계는 우리를 심판할 수 없다!'라고 연설해서 민중을 흥분시켰다. 대중 한 명 한 명이 느꼈던 불만과 불안이 단숨에 사라지는 순간이다. 대중들은 당연히 기분이 좋아지기 마련이다. 그리고 희생양을 만드는 것도 중요하다. 히틀러는 '여러분은 아무 잘못이 없다! 정치가와 유대인이 잘못이다!'라고 외쳤다. 그 말을 들은 사람들은

'내가 잘못한 게 아니다, 이렇게 힘든 것은 내 책임이 아니다'라고 느끼며 마음이 편해졌다.

트럼프도 '여러분이 잘못한 게 아니다! 정치와 중국 탓이다!', '부정선거다, 원래는 우리가 승리했다!'라고 주장했다. 트럼프는 무엇을 강조하면 사람들이 기뻐할지 정확히 아는 선동가다. 본디 독재자의 기질이 있는 것 같다. 그래도 사람들은 힘들 때면 독재자처럼 강한 지도자를 찾는다. 그것이 인류의 역사다.

이것은 일본도 마찬가지였다. 태평양전쟁 중 전쟁을 주도한 도조 히데키(東條 英機) 총리는 '건국 2600년, 우리는 전쟁에 패하는 것을 모른다!'라고 외쳤다. 모든 일본인이 듣고 싶어 하는 말임이 분명했다. 그 당시 '일본 국민은 전쟁에서 진 적이 없다'는 것은 사실이었고, 일본 국민의 자존심을 자극하면 그들은 흥분하기 마련이다. 그러나 한편으로 내셔널리즘을 고취시키면 국민이 선을 넘고 폭주할 위험성도 있다.

당시를 돌이켜 보면 알 수 있지만, 군부가 진주만 기습을 보고할 때 일본 전역은 전쟁을 반겼다. 경제 침체로 폐색감이 짙었으므로 '귀축미영(鬼畜米英, 마귀와 짐승 같은 미국, 영국)'이라는 표어 아래 미국과의 전쟁이 시작되자 더욱 기뻐했다. 지금 돌이켜보면 막강한 힘을 가진 미국을 상대로 전쟁을 벌인 것은 어리석었다고 평가하지만, 당시에는 그런 분위기가 아니었다. 1867년 메이지유신 이후 일본은 새로운 시대로 접어들었고, 그 후 30년도 채 안 되어 중국, 당시 청나라를 상대로 싸워 승리했다. 그로부터 10년 뒤에는 러시아와 싸워 러일전쟁에서 승리했다. 중국과 러시아는 모두 일본의 초강대국 이웃 나라였다. 메이지유신 이후 10년도 안 되어 일본은 두 강대국을 상대로 승리를 거두었다.

이런 상황이니 일본인들은 자신의 힘을 과신하기 시작했다. 러일전쟁 후 20년이 지나 세계 대공황이 터지고 일본이 불황에 휩싸였지만 이때 일본인은 콧대가 높아져 있었다. 점점 공격적이 되었을 것이다. 일본은 중국을 공격하고 만주국을 세운다고 선언했지만 당시 국제연맹인 리튼조사단은 이것을 인정하지 않았다. 일본 정부는 그 결정에 불만을 품었고 1933년 당시 외무대신인 마쓰오카 요스케(松岡 洋右)가 회의실에서 국제연맹 탈퇴를 선언하고 총회를 당당히 빠져나왔다. 온 나라가 그 모습에 '잘했다'고 환호했다. 상황이 이렇다 보니 전쟁을 피한다는 선택지는 아예 없고 그저 눈에는 눈, 이에는 이라는 분위기가 일본 전역에 만연하며 오히려 전쟁을 반겼다.

현대 사회에 사는 우리는 당시 일본군부가 무모한 전쟁을 해서 나라를 망쳤다고 생각하며 '바보 같은 짓을 했다'고 생각한다. 그러나 당시에는 국가의 기세, 여론이라는 것에 눌려서 냉철한 판단을 할 수 없었을 것이다. 일본 여론은 영국과 미국을 상대로 '어서 싸우러 가라'는 식으로 전쟁을 지지했다. 우리가 지금 역사를 돌아보고 과거를 평가하기는 쉽지만 당시에는 강력한 내셔널리즘에 압도되어 아무도 전쟁을 막을 수 없었다.

설령 말리려고 해도 대단히 어려운 일이었을 것이다. 시대에는 그때의 분위기가 있으며 그런 국면에서 지도자가 내셔널리즘을 부추기면 그런 분위기에 더욱 박차를 가하게 된다. 전쟁의 시대였던 20세기의 상황을 돌아보면 시진핑이 이끄는 중국의 현 상황이 걱정스러워진다. 시진핑 주석을 중심으로 한 중국의 수뇌부는 내셔널리즘을 지나치게 부추기고 있다. 이에 중국인들은 흥분을 주체하지 못하는 모습이다.

미중 대립의 최전선 아시아

"미국은 군림하면서 중국에 대해 얘기할 자격이 없다!"

2021년 3월 8일, 미국 알래스카에서 열린 미중 외교영수회담에서 양제츠 중국공산당 외교 담당 정치국원은 강하게 미국을 비판했다.

이것은 다분히 언론에 보여주기 위한 퍼포먼스적 측면이 있었을 것이다. 그렇다 치더라도 세계 각국에 전달되는 것을 알고 있는 고위급 회담에서 중국이 이런 표현으로 세계 최대 강국인 미국을 위협하다니 놀라운 일이다. 이 영상과 사진은 중국에서 여러 번 방영되었고 중국인들은 속이 시원해지는 만족감을 느꼈을 것이다. 이 장면과 함께 120년 전, 의화단 사건이 일어났을 때 중국 측 대표가 서구 열강과 일본 등의 대표에게 거친 말로 굴욕적인 요구를 받았던 '베이징 의정서' 협상 장면의 사진이 함께 보도되었다. 실제로 120년 전인 1901년 의화단 사건 이후 중국(당시 청왕조)은 구미 열강 및 일본과 베이징 의정서를 체결했고 구미와 일본에 배상금 8억 5천만 냥의 배상금을 지급하게 되었다.

당시 청나라 왕조의 한 해 동안 국가 자산은 약 1억 냥이었다고 한다. 중국은 8년 치가 넘는 국가 예산, 일본의 현재 예산 규모로 생각하면 1천조 엔에 이르는 배상금을 요구받고 울며 겨자 먹기로 수용했다. 이 의정서로 베이징은 완전히 점령되어 유럽, 미국, 일본에 경찰권을 빼앗겼으며, 이후 중국은 사실상 서방 국가들과 일본의 식민지로 전락했다. 바로 이 시기에 중국에서는 1840년 아편전쟁에서 비롯된 악몽이 일방적으로 심해지고 있었다.

중국인에게 베이징 의정서 회의 사진은 절대 잊을 수 없는 굴욕적인 역사를 상징했다. 이 사진과 당시의 역사적 사실들만큼 중국인의 자존심을 건드리고 애국심을 고취시킨 것은 없었다. 그러니 양제츠의 미국에 대한 비판은 중국인들의 마음을 파고들었다.

국가가 내셔널리즘을 고취시키는 것이 나쁘다고만은 할 수 없지만, 지금 중국의 매파적 행태에는 위협을 느끼지 않을 수 없다.

세계사를 돌아보면 내셔널리즘을 부추겨 파멸을 초래한 나라들을 여러 차례 볼 수 있다. 핵무기라는 인류를 멸망시킬 무기를 손에 쥔 인류가 서로를 파괴할 수 있는 어이없는 전쟁을 치를 리 없다는 냉정한 시각도 있다.

그런 파멸적 싸움이나 대립이 일어나진 않으리라 생각하지만, 오늘날 군부와 끈끈한 유대 관계를 유지하며 초강경파인 시진핑이 이끄는 중국공산당의 움직임을 보면 불안해진다.

어쨌든 현재의 중국은 공격적으로 밀어붙이는 자신의 태도는 뒤로하고 모든 비판에 귀를 닫은 상태다. 차근차근 '중국몽', 중국이 세계 1위 국가가 되기 위한 행동과 포석을 계속 깔고 있다. 특히 2020년 세계에서 유일하게 중국만이 코로나 확산을 봉합했다는 점에 자부심을 느끼는 모양새다. 자신의 방식, 공산당이 주도하는 정치 체제의 우월성에 강한 확신을 품은 것 같다. 코로나를 봉쇄했다는 사실과 다른 나라의 혼란스러운 상황을 지속적으로 대중에게 보도함으로써 시진핑이 이끄는 중국공산당의 권위를 한층 절대화했다. 이제 중국은 다른 나라의 의견에 귀를 기울이지 않는다. 그리고 자신을 비판하는 사람들을 가차 없이 공격하고 있다.

중국에는 '절대로 양보할 수 없는 핵심 이익'이 있다. 바로 티베트, 위구르, 내몽고의 지배이자 홍콩 통치, 대만과 센카쿠 점령이다. 중국은 이제 티베트, 위구르, 내몽고를 완전히 제압했다. 2020년에는 홍콩에 군사력을 발동해 민주화를 무너뜨리고 일국양제를 실질적으로 폐지함으로써 홍콩을 완전히 중국공산당의 지배하에 두는 데 성공했다.

이제 다음 표적은 대만과 센카쿠다. 시진핑 정권은 무슨 수를 써

서라도 손에 넣으려 할 것이다.

이를 위해 시진핑은 10년 임기를 연장해 영구집권을 목표로 하고 있다. 중국인들도 대만과 센카쿠를 시진핑 정권하에서 장악하는 것을 '암묵적이고 절대적인 명제'로 삼고 있는 듯하다. 이런 이유로 중국 국민 대다수는 시진핑의 독재를 내심 지지하고 있지 않을까. 당연한 얘기지만 한 걸음, 한 걸음씩 시진핑 정권은 목표를 이루기 위해 전진하고 있다.

"대만에 대한 위협이 향후 6년 안에 명백해질 것이다."

2021년 3월 9일, 데이비드슨 미국 인도태평양군 사령관은 의회에서 이렇게 증언했다. 그에 따르면 중국은 야심을 가속화하고 있으며, 대만은 분명 중국의 야심 한복판에 있다. 또 차기 사령관으로 지명된 아킬리노는 3월 8일, 미국 상원 청문회에서 '중국의 대만 침공은 사람들이 일반적으로 생각하는 것보다 훨씬 빨리 일어날 것'이라고 말했다. 앞서 지난 3월 2일 열린 미국 상원 군사위원회 청문회에서 맥매스터 전 백악관 안보보좌관은 '대만은 베이징 동계올림픽이 끝나는 2022년 이후 최대 위기에 직면할 것'이라고 경고했다. 중국의 군사 동향과 정보에 정통한 미군 수뇌부가 내린 경고는 충분히 위협적으로 들린다. 당연히 바이든 행정부는 대만과 센카쿠를 둘러싼 위기에 대비해왔다.

트럼프 정권에서 바이든 정권으로 이행할 때 미국이 중국에 대해 유화적인 정책을 채택할 것이라는 우려가 있었다. 그런 우려는 불식되었지만 중국 측은 바이든 정권을 약하다고 느끼는 것 같다.

그래서 중국 측은 앞으로 모든 문제에 대해 점점 강경해질 것이고 미국이 어떻게 반응하는지 기회가 있을 때마다 시험할 것이다. 그 일환으로 군사적 도발을 반복해 우발적인 충돌이 일어날 수도 있다. 아니면 중국이 고의로 일을 저지를 가능성도 있다.

호락호락하지 않은 중국에 대치하는 바이든 정권

중국의 이런 변화를 인지한 바이든 정권은 더욱 체제를 굳히고 단호한 태도를 보일 필요가 있었다. 이런 상황이기 때문에 미국 국무장관과 국방장관이 함께 외교 방문지로 일찌감치 일본을 찾았다. 총리는 누구보다 먼저 바이든 대통령과 대면 회담을 했는데, 가장 중요한 의제는 대만과 센카쿠를 둘러싼 위기와 일본의 역할이었다. 중국과 관련된 의제에서 지금 문재인 정권하의 한국은 전혀 의지할 수 없다. 미국은 동맹국인 일본을 가장 의지하고 중요시하며 더 큰 책임 분담을 요구한 것이다. 미일 정상회담에서는 '대만 해협 안정화가 중요하다'는 공동선언과 '센카쿠는 미일 안보 범위 안에 있다'는 선언이 나왔다. 중국이 어떻게 대응할지는 모르겠지만, 현재 중국의 행동을 보고 있으면 언제 일을 일으킬지 모른다는 위기감이 미국 측에 감돌고 있다고 본다. 중국은 2021년 2월 중국 해역에 불법으로 들어온 외국 선박을 대상으로 무기 사용을 허용하는 새로운 해경법을 도입했다.

이는 센카쿠를 탈환하기 위해 한 발짝 앞으로 나아간 것이며, 군사행동을 일으키기 위한 전 단계가 아닐까? 중국이 대만을 군사적으로 점령하기는 여전히 어렵겠지만 센카쿠를 점령하는 것은 상대적으로 수월하다. 중국이 보기에는 센카쿠를 점령하지 못한 상태에서 대만을 차지하는 것은 불가능할 것이다. 그런 면에서 중국의 행보는 가볍게 볼 수 없고, 미국은 이런 위기 상황을 고려하여 일본과의 협력 체계 구축을 서두르는 모양새다.

바이든 정권은 트럼프 행정부의 방침을 완전히 바꿔 동맹 관계를 중시한다. 지금 미국 혼자서 중국을 상대하기는 어렵기 때문에 올바른 판단이라 할 수 있다.

다만 바이든 정권은 대중국 정책이 취약했던 오바마 정권의 구성원이 그대로 남아 있기 때문에 아무래도 약한 이미지를 불식시키지 못하고 있다. 바이든 정권은 트럼프 정권처럼 강하게 느껴지지 않으며 어떤 행동을 할지 예상할 수 없다는 불안함을 주지 못하는 것이 단점이다. 중국은 바이든 정권의 대응을 예측 가능하다고 생각할 것이다. 그렇다면 대응책을 세우기도 쉽다.

바이든 행정부는 출범 이후 잇달아 외교 공세를 펴면서 동맹국들과의 조율을 통해 의견을 통일해왔다. 이번 미중 외교장관급 회담을 앞두고도 미국·일본·호주·인도 쿼드라는 4개국 공조 체제를 구축했다. 회담 직전에는 국무대신과 국방대신이 모여 일본과 한국을 방문하여 의견을 조율했다. 이것이야말로 자연스럽고 정상적인 외교 방식이다.

바이든 정권은 유럽과도 합의해 인권 문제를 전면에 내세웠고 유럽이 중국에 인권 문제에 대해 제재를 가하도록 이끌었다. 이들 민주주의 국가들이 똘똘 뭉쳐 중국에 대한 포위망을 조성한 것은 바이든 정부가 단기간에 거둔 큰 성과라고 생각한다.

하지만 중국 측도 잠자코 있지 않았다. 중국은 발 빠르게 대응하고 있다. '미국에는 미국의 민주주의, 중국에는 중국의 민주주의가 있다. 미국식 민주주의가 세계의 많은 나라에서 지지를 받는 것은 아니다'라고 양제츠가 미중 회담에서 말한 것처럼, 중국은 세계의 많은 나라가 미국이나 유럽, 일본과 같은 민주주의를 채택할 수 있는 것이 아니며, 반대로 민주화를 원치 않는 나라도 상당수라는 점을 잘 알고 있다. 이에 중국은 외교적 수단으로써 인권 문제를 역이용해 '내정간섭에 반대한다'며 여러 나라와 협력하기 시작했다.

우선 중국은 권위주의 국가인 러시아와 북한, 이란과의 관계를 강화하고 있다. 이밖에도 중국 외교부 장관이 잇따라 중동 국가를 방문해 바이든 정권이 주도하는 인권 외교에 대항할 것을 호소하고 있다. 사우디아라비아는 미국의 동맹국이지만 무함마드 왕세자가 깊이 연루된 것으로 알려진 터키 사우디 총영사관 내 카쇼기 살해사건으로 인권 문제를 전면에 내세운 바이든 정권과 긴밀한 관계를 맺지 못하고 있다.

이러한 전제군주 체제인 중동에서는 인권 문제가 금기시된다. 그래서 중국은 '반(反)인권외교'에 초점을 맞추어 중동 각국으로부터 '내정간섭 반대'라는 말을 끌어내어 중국 측과 중동 각국의 의견이 일치했음을 소리 높여 강조했다. 나아가 중국과 이란은 25년간 경제 관계를 강화하기로 합의했다. 이처럼 미국의 외교 공백의 틈을 타 중국은 차근차근 중동에 교두보를 구축하고 있다. 바이든 정권을 비롯한 민주주의 진영은 '민주주의와 인권'을 전면에 내세웠기 때문에 역설적으로 세계 여러 나라의 지지를 얻지 못하는 난제에 직면했다.

중국은 자신이 가진 무기와 강점을 최대한 활용한다. 시장 규모와 엄청난 인구로부터 오는 구매력, 경제력이 중국의 압도적 강점이다. 전 세계 기업들이 이 매력에 굴복했다. 스웨덴 의류업체인 헤네스앤마우리츠(H&M)는 위구르 지역 강제 노역에 대해 우려를 표했다. 하지만 이 행위는 중국에서 문제가 되어 불매운동이라는 역풍을 맞아야 했다. 중국 측은 '중국에서 사업을 하고 싶다면 인권 문제에 참견하지 말라!'고 말한다. 이처럼 중국공산당은 압도적인 시장 지배력을 이용해 비판자들의 입을 다물게 만들었다.

2021년 3월 8일, EU(유럽연합)와 영국, 미국, 캐나다는 위구르에서 심각한 인권침해가 자행되고 있다며 중국에 제재 조치를 발표했다. 이에 중국은 즉각 이들 국가와 지역에 보복 제재를 발표했다. 이에 따라 2020년 말 체결된 유럽과 중국의 투자협정에 먹구름이 드리워졌다. 이 협정은 중국이 고생고생하며 협상을 거듭해 온 것이다. 하지만 그 협상이 결렬되어도 상관없을 만큼 중국은 자신을 비판하는 자를 절대 용서하지 않겠다는 태도다. 이같이 시진핑 정권은 시종일관 초강경파 입장을 고수하며 경제적 리스크를 무릅쓰는 것을 두려워하지 않는다. 트럼프 정권하에서 치열한 무역전쟁이 벌어졌지만 결국 코로나 팬데믹으로 인해 각국은 중국산 마스크와 의약품, 전자제품 등을 경쟁적으로 구매할 수밖에 없었다. 세계는 중국이 필요하고 중국 없이는 일이 풀리지 않는 모양새다.

시진핑은 '서방 세계에서는 왼쪽 뺨을 맞으면 오른쪽 뺨을 내민다는 생각이 있지만 우리 문화에서는 되받아친다'고 말했다. 중국은 갈수록 강경해지며 송곳니를 드러내고 있다. 1월 담화에서 시진핑은 '동승서강(東昇西降)', 동쪽(중국)이 올라가고 서쪽(서방)이 가라앉는다고도 말했다. 바로 승천하는 용과 같은 중국, 현재 시진핑 정권의 강경 노선은 억누를 길이 없어 보인다. 숙명의 라이벌인 미중 대결은 불가피한 상황이다. 그 최전선은 아시아이며, 대만과 센카쿠에 위기가 닥칠 가능성도 있다.

중국의 선민사상을 고찰하다

"우리 중국은 유익한 제안과 선의의 비판을 환영하지만 우월하다는 관점에서 선생님처럼 설교하는 것은 결코 받아들이지 않을 것이다."

7월 1일, 시진핑 주석은 공산당 100주년 연설에서 힘주어 말했다. 이 문구는 3월 8일 양제츠의 발언과 거의 일치한다. 중국인들은 이 발언에 갈채를 보냈다. 시진핑 연설에서도 이 발언이 나온 뒤 대중들은 뜨거운 반응을 보였다. 말하자면 미국에 건방진 소리하지 말라는 것이다.

내셔널리즘을 고취시키는 이런 종류의 연설은 사람들을 열광하게 한다. 원래 중국은 4000년의 역사를 가진 대국이다. 일본도 중국에서 다양한 문화를 받아들여 발전했다. 한자 등의 문자도 중국에서 유입된 대표적인 문화다.

중국인이 보기에는 중국 4000년의 역사를 생각하면 건국한 지 250년도 안 된 미국과는 역사적 무게가 다르다. 미국은 1776년에 독립을 선언했다. 2021년은 미국 건국 245주년이 된다. 중국 4000년의 역사와 비교하면 미국의 역사는 당·송·원·명·청나라 등 중국의 어느 한 왕조의 역사에도 미치지 못한다. 세계에서 드물게 오랜 기간 중국을 지배해 온 한족이 자신의 우월함에 강한 자부심을 느끼는 것도 어떤 면에서는 이해가 간다.

중국의 역대 왕조는 그들의 존재를 비교 불가라고 여겼다. 중국을 둘러싼 각 방면에서 여러 사신이 와도 중국 왕조는 그들보다 우월하고 그들은 중국 왕조에 당연히 무릎을 꿇어야 한다는 생각이다. '중국(中國)'이라는 단어 자체가 가운데 나라라는 뜻이고 중국은 세계의 중심이라는 생각이다. 그리고 중화사상이라는 것은 중화의 천자가 세계의 중심이라는 생각이다. '중화'는 '중(中)'과 '화(華)'가 합쳐진 말이다. '화'는 이른바 문명을 말하는데 '중'이 '안쪽'이라는 뜻이므로 중화는 문명 한가운데 있다. 즉 문명의 중심이라는 뜻이다. 문명의 중심에 있다는 것은 내부 사람들은 문명화된 민족이기 때문에 이른바 '선민', 선택받은 사람이라는 뜻이다.

이것을 발전시켜 생각해보면, 중화가 선택받은 사람이라면 주변 사람들은 선택받지 못한 보통 사람 혹은 야만적인 사람이 된다. 이와 관련해 시바 료타로는 '화(華)를 문명이라고 규정하는 한 야만이 존재해야 한다. 구체적(지리적)으로 말하면 화(華)는 주위가 야만국으로 둘러싸여 있기 때문에 화(華)인 것이다'라고 표현했다. 한족은 역사적으로 이런 선민사상을 갖고 살았으니 이러한 기존에 내재되어 있던 사상이 이 시대에 표면에 드러내기 시작한 것이 아닐까? 원래 청나라 황제들은 상당히 거만한 태도로 영국과 같은 서양 열강들을 대했다.

그러나 산업혁명 이후 서구열강은 눈에 띄게 발전했고 덕분에 무력으로 청나라를 압도할 수 있는 체제가 갖추었다. 그래도 청나라는 여전히 대국 의식에 빠져 있었고 당시 서태후 등 무능한 지도자들이 청나라를 지배했기에 단번에 쇠퇴했다. 중국은 일본을 상대로 한 청일전쟁에서도 참패했다. 당시 청나라의 대국 의식과 무능한 지도자가 빚어낸 비극적인 귀결이라고 할 수 있다. 그래서 어떤 의미에서 청나라는 완전히 파괴된 상태로 존재했고, 그 후의 중국 전체를 재건하는 과정에서 중국공산당이 활약하게 된다. 아편전쟁으로 시작된 청나라 말기의 비참한 상황이 중국을 극적으로 변화시킨 셈이다. 중국인의 눈에 마오쩌둥은 나라를 구하고 재건한 구세주였다.

아무튼 4000년의 역사를 가진 중국과 그 중심에 있던 한족은 본래 강한 선민사상을 가지고 있었음에는 이견이 없다. 그러다가 최근 경제 발전이 두드러지고 마침내 미국을 추월할 조짐을 보인다는 사실이 한족을 고취시켜 그들이 세계 최고라고 생각했던 선민사상을 되살린 것 같다.

현재 그 사상을 주도하는 사람이 바로 시진핑이다.

제 3 장

쇠락하는 중국 정치와 경제

그늘진 전랑외교와 반성

현재의 중국 지도자인 시진핑 주석은 본질적으로 상당히 매파적이다. 이런 태도는 중국 군부를 비롯한 우파 세력에게 만족감을 안겨줄 것이다. 그들은 대만 점령 등 해묵은 과제를 시진핑에게 맡기고 싶어한다. 대만과의 통일에 대해 '시진핑 주석이라면 해낼 것'이라는 기대감도 커지고 있다.

국가 지도자로서는 일반적으로 우익 인사들이 큰 인기를 얻는 경향이 있다. 일본의 아베 전 총리도 우익 성향이 있었고 도널드 트럼프 전 미국 대통령도 그랬다.

그러나 국제적으로 볼 때 우파 지도자만 등장하면 국가 간 갈등이 격화되고 예상치 못한 충돌이 일어날 가능성이 크다. 이번에 중국은 '전랑외교(戰狼外交)'라 하여 외교관을 중심으로 매우 매파적인 외교 자세를 취했는데, 여러 나라로부터 비난을 받아 현재 중국 외교는 답보 상태에 빠져 있다.

본래 조정자로 나서야 할 중국 외교관들이 지나치게 강경한 발언을 연발한 것도 중국의 지도자인 시진핑을 모방하느라 그런 것이다. 중국 외교관은 경쟁적으로 강경한 자세를 취했는데, 그런 모습은 '전랑(戰狼=늑대전사)외교'라고 불리며, 전 세계에서 빈축을 샀다. 중국의 외교관들은 국가 지도자인 시진핑의 자세를 따라 해 그에게 충성하고 있음을 보여주려는 듯 격한 발언을 일삼고 있다.

이런 일련의 흐름은 중국에서 완전히 자리 잡은 독재체제의 부작용으로 보인다. 시진핑이 중국의 독재자가 되자 정부 관계 종사자들은 독재자인 시진핑의 의도를 구현하는 데 혈안이 되어 있다. 그래야 출세할 수 있으며, 그렇지 않으면 충성심을 의심받는 면이 있을 것이다.

하지만 중국의 전랑외교가 전 세계를 상대로 도를 넘자 중국 자신도 적지 않게 실질적인 손실을 보았다. 중국은 유럽과 2020년 말 오랜 교섭 끝에 겨우 무역 협정을 체결했지만, 그 후 지나치게 공격적인 외교 방식으로 무역 협정이 무산되고 말았다. 호주와의 관계도 급격히 악화되어 무역 관계에 지장을 초래했다. 인도와도 군사적 분쟁을 겪고 있다. 결과적으로 화웨이의 5G 장비 도입은 인도로부터 거부당했다. 그리고 미국·일본·호주·인도 4개국이 연합하여 중국에 대항하는 쿼드 체제도 만들어졌다. 이는 중국의 강경 일변도인 외교 기조에 대한 반발에서 생겨난 것이다. 외교에 능통한 미국의 바이든 정부는 중국의 이러한 실책를 거듭하는 서툰 외교 방식을 포착하여 유럽과의 관계를 회복했고 한층 더 중국 포위망을 짜는 데 힘쓰고 있다.

중국도 전랑외교로 인한 문제점을 반성하고 시진핑 주석 본인도 도가 지나치니 매파적 입장을 좀 바꿔야 하지 않을까 고려하는 모양새다. 이 역시 올바른 판단이다. 허세를 부려 불필요한 싸움을 일으키는 것은 생각해볼 문제기 때문이다.

시진핑은 지난 3월 회의에서 '대외 선전을 강화하라', '국제적 선전을 강화해 중국에 유리한 외부 여론 환경을 조성하라'고 지시했다. 구체적으로 '대외 발신을 할 때는 자신감을 나타낼 뿐만 아니라 겸허하고 신뢰와 사랑, 존경받는 중국의 이미지를 만드는 것'을 목표로 '지중파와 친중파의 범주를 넓힐 것'을 지시했다.

이런 시진핑 주석의 지시에 따라 '공격적 외교 자세를 억제한다'는 주제로 3월 중국 고위 관계자 회의가 열린 바 있다. 전랑외교가 미국과 다른 나라를 멀리해 중국 경제를 고립시킬 수 있다는 우려가 중국 지도부 전체에 급속히 퍼진 것이다. 이렇게 시진핑 정부는 전랑외교의 최전선에 있는 외교관들을 위해 트위터에 관한 지침을 만들고 공격적인 자세를 누그러뜨리려 노력했다. 이렇게 일관성이 없는 흐름은 중국 외교와 시진핑의 방침에 대한 모순을 드러낸다. 아무도 시진핑 주석에게 바른말을 못하는 분위기이므로 그런 모순과 불필요한 혼란이 생겼을 것이다.

한편으로 중국의 외교관들은 본국의 방침 전환에 매우 혼란을 느끼는 듯하다. 지금까지 전랑외교라는 정책 아래 강경하고 타국에 무례하게 굴어왔는데, 어느 날 갑자기 태도를 손바닥 뒤집듯이 뒤집을 수 없다는 점도 있을 것이다. 외교관들에게 더욱 골치 아픈 것은 중국 내 여론 동향이다. 지금 중국에서는 시진핑 주석의 방침에 동참하는 분위기가 형성되고 있다. 한때 내셔널리즘을 부추긴 일본군부의 예를 들었는데, 중국의 현재는 일본의 전쟁 전과 완전히 같진 않겠지만, 그런 식의 내셔널리즘적 선동이 국민의 매파적 태도에 불을 지폈다. 그러니 중국 외교관들이 공개적으로 외교적 태도를 부드럽게 바꾼다면 이번에는 국내 보수파를 중심으로 한 국민들이 반감을 드러낼 수 있다. 이미 강경파가 된 국민들이 쉽게 수긍하지 않을 것이기 때문이다.

더구나 중국의 애국심 강한 네티즌들은 외교관들이 자칫 어설픈 외교 정책을 펼치면 인터넷상에서 심한 비난을 퍼부을 수도 있다. 사정이 이렇다 보니 외교관들은 본국으로부터 '매파적인 태도를 바꿔 호감을 받을 수 있도록 행동하라!'는 지시를 받아도 쉽게 따르지 못하고 어떻게 처신해야 할지 고민하게 된다. 본국은 '사랑받을 수 있도록 온화하게' 굴라고 주문하는 동시에 중국의 '투쟁심'은 확고히 보이라고 요구한다.

외교관들은 대체 어느 장단에 춤을 춰야 할지 몰라 혼돈에 빠진 채 그저 시진핑이라는 독재자의 입을 쳐다볼 뿐이다. 일관성 없이 이랬다저랬다 하는 시진핑의 일거수일투족이 빚어내는 혼란에 현장은 농락당하고 있다.

실제로 일어나는 문제와 구체적인 사건들을 보면 중국의 내셔널리즘은 걷잡을 수 없는 상태로 치닫고 있다. 2021년 5월, 중국 정부 기관이 웨이보 계정에 '중국 점화 VS 인도 점화'라는 사진을 올려 화제가 되었다. 중국이 달에 인류를 보내기 위해 로켓을 발사하는 현장의 불꽃 사진과 인도의 신종 코로나바이러스 감염증의 희생자 화장터의 불길을 비교하는 사진이다. 중국의 자랑스러운 과학기술 발전과 인도에서 코로나를 봉쇄하지 못해 벌어진 비극적인 현실을 비교함으로써 중국이 얼마나 위대하고 인도는 얼마나 낙후되고 비참한지 대비했다.

환구시보 편집장은 다른 나라의 불행을 비웃는 것은 너무 가혹하다며 이런 풍조를 비판했다. 당연한 일이다. 하지만 그는 '인도의 개!'라고 매도되며 중국 인터넷상에서 엄청난 비난을 받아야 했다. 이 일화들만 봐도 현재 중국의 내셔널리즘이 얼마나 선을 넘고 위험한 지점에 가까워지고 있는지 알 수 있다. 이제 시진핑 주석도 막을 수 없을듯한 과격한 내셔널리즘의 물결이 중국 전역을 뒤덮기 시작하고 있는 것으로 보이며 향후 중국은 점점 위험한 행동에 나설 가능성이 크다고 우려된다.

저출생 문제와 당평주의의 대두

문화대혁명에 뒤이어 중국공산당에 위기로 닥친 천안문 사태는 1989년 6월에 일어났다. 군대를 투입하여 민주화를 외치는 민중을 학살한 것은 중국 역사의 큰 오점이다. 천안문 사태의 주역은 당시 권력자 덩샤오핑이었다. 동유럽과 옛 소비에트연방 등의 공산권이 일제히 붕괴되었던 시기였다. 공산주의는 완전히 무너지고 경제적으로도 발전하지 못했다. 역사학자 프랜시스 후쿠야마는 이를 '역

사의 종말'이라고 불렀고, 세계는 민주주의의 승리이며 역사적으로
어떤 정치적 통치체제가 우월한지 분명히 밝혀졌다고 보았다. 이런
가운데 민주화를 억압하고 공산주의를 유지하는 중국공산당은 이
상한 존재로 여겨졌다. 천안문 사태는 역사에 역행하는 움직임이
며 머지않아 중국도 민주화될 때가 온다고 믿었다. 중국이 민주화
를 이루지 못한 것은 오로지 빈곤으로부터의 발전 단계이기 때문
이라고 생각되었다.

천안문 사태로 중국은 국제적으로 비난을 받았고 공산당의 강압
적인 통치에 대해 국내에서도 논란이 있었던 것으로 보인다. 하지
만 중국공산당은 이렇게 큰 위기도 잘 넘겼다. 중국은 공산당 치
하에서 일당독재를 계속하며 경제 개혁·개방 노선을 취하여 미국
을 비롯한 자본주의 중심의 세계 흐름에 동참했다. 얼핏 모순된
이 정경분리, 국내 정치는 공산당 일당독재를 계속하면서 경제적
으로는 나라를 개방하고 세계와 교류한다는 중국식 관계가 잘 기
능한 것 같다.

덩샤오핑이 깔아놓은 노선을 따라 다음 지도자인 장쩌민과 후진
타오도 무난히 중국을 통치했다. 2001년, 중국은 염원하던 WTO
가입에 성공했다. 이것을 기회로 중국은 경제 발전에 더욱 박차를
가했다. 중국 전체가 눈부신 경제 발전을 이루면서 능숙하게 국제
사회에 융화되어 간 것이다. 중국 지도부는 덩샤오핑이 주창한 외
교전략 '도광양회(韜光養晦)' 노선, 이른바 '본심과 자신의 재능을

숨기고 때를 기다리는' 방침을 고수했다. 중국은 결코 나서서 참견하거나 국제적으로 강력하게 발언한 적이 없었다. 자국을 개발도상국이라 자처하고 각종 혜택을 누리는 처지였다. 일본은 계속해서 중국에 유무상 원조를 제공했다.

이 같은 방식은 2012년 시진핑 정부가 출범한 이후 전환점을 맞았다. 시진핑 정부는 '중국몽'을 앞세우고 이제 세계 1위를 향해 가겠다고 서슴없이 공언했다.

경제 발전을 거듭해 미국을 제치고 세계 최고가 되는 것이 보이자 중국은 한층 더 크게 변한 것이다. 하지만 상당히 많은 문제점이 존재하므로 그 길은 순탄치 않아 보인다. 어떤 문제가 있는지 구체적으로 살펴보자.

하나는 출산율 감소 문제다. 중국이 발표한 2020년 출생아 수는 놀라웠다.

2020년 출생아는 1,200만 명으로 이것은 2016년 1,758만 명보다 558만 명 줄어 4년 만에 3% 이상 감소한 수치다. 더군다나 이 시기에 중국은 둘째 출산을 허용했는데, 말하자면 둘째를 원하는 가정이 있는데도 이 지경에 이를 만큼 강력한 현상이다. 이것은 출산율이 1.1이라는 뜻인데 여성 한 명이 평생 낳는 아이의 수도 세계에서 가장 낮은 수준임을 의미한다. 당국은 셋째 아이도 허가한다는 방침을 내세웠지만 전혀 효과가 없었다. 중국도 발전하면서 예전과는 상황이 확 달라졌다. 일본과 같이 선진국 특유의 문제가 고개를 들었다.

또 하나는 중국 사회에 점점 벌어지는 격차다. 중국의 집값은 서민들이 도저히 집을 살 수 없을 정도로 폭등했다. 선전이나 베이징(북경)에서 주택을 사려면 연 수입의 3배가 넘는 돈이 들고 사실상 부모가 집을 소유하지 않으면 집을 사는 것이 불가능하다.

게다가 교육비도 급등했다. 중국도 경제 발전과 함께 고학력이 일반화되었고 대학진학률은 30%를 넘어섰다. 내년에는 대졸자 수가 1,000만 명을 넘을 것이다. 더군다나 취업 상황을 보면 대졸자에게 맞는 일자리가 별로 없고 많은 대학생이 졸업 후 직장을 갖지 못할 가능성이 크다. 상황이 이렇다 보니 사회에 폐색감이 짙어지고 있다.

중국에서는 '경제 발전에 희생될 필요가 없다'며 입시와 경쟁을 기피하는 풍조가 퍼지면서 집도 차도 사지 않고 최저 생존 기준만 유지하며 사는 당평주의(躺平主義)가 확산되고 있다. 당국은 이런 나태한 생활방식을 부추기는 풍조를 깨고자 하는 것 같지만 너무나 치열한 경쟁 사회와 격차 확대에 지친 사람들이 이제는 아등바등하지 않고 마음 편하게 살고 싶다는 쪽으로 변하는 것 같다. 이런 사회적 분위기는 중국이 고도성장한 후에 나타난 구조적인 형상이므로 쉽게 가라앉지 않을 것이다.

당평주의는 젊은이를 중심으로 더욱 확산될 것이고 결과적으로 중국의 활력을 떨어뜨릴 것이다.

체감경기 악화와 반도체 문제

그리고 일부 민간기업을 중심으로 체감경기가 악화되었다. 치솟는 상품 가격이 경제에 직격탄을 날리기 시작했다. 중국의 5월 생산자물가(도매물가)가 전년 동월 대비 9.0% 오르며 3년 만에 가장 큰 폭으로 올랐다. 반면 소비자 물가는 전년 동월 대비 1.3% 상승하는 데 그쳤다. 또한 6월의 생산자 물가는 8.8% 상승했지만 소비자 물가는 1.1% 상승에 머물렀다. 일반적으로 상류의 생산자 물가가 이렇게 많이 오르면 하류의 소비자 물가도 어느 정도 상승하기 마련인데 현실은 그렇지 않았다.

실제 이면에는 조작이 있는데, 중국 당국은 생산자 물가 폭등이 소비자 물가 폭등으로 이어지는 효과를 막기 위해 압박했다. 중국에는 민간 중소기업이 많은데, 이들은 이른바 강의 하류에 해당하는 소매기업이다. 당국은 소매기업들의 매입처인 생산자 물가 상승(이번에는 석유, 구리, 철광석 등 자원 가격이 크게 상승했지만)을 억누르려고 무리하게 개입하고 있다. 5월과 6월에는 공산당 창립 100주년을 앞둔 행사 전이기도 했겠지만, 당국은 자원 가격 급등을 억제하기 위해 철저한 '가격 억제책'을 시행했다. 투기적인 거래를 엄격하게 감독하고 가격 상승폭을 최대한 동결하도록 지시했다. 이들 당국의 필사적인 정책 덕분에 자원 가격은 일시적으로 떨어졌다. 하지만 아이러니하게도 최근 들어 자원 가격이 다시 오를 조짐을 보이고 있다. 이번 자원 가격 급등을 가격에 전가하지 못해서 중국 제조업의 4분의 1은 적자 상태라고 한다. 자원 가격의 미래는 불투명하고 중소기업을 둘러싼 상황이 다시 문제가 될 가능성이 크다.

더욱이 미국이 조치한 반도체 문제도 심각해지고 있다. 미국의 첨단 반도체 금수 조치로 중국은 거국적으로 반도체 국산화에 나서고 있다. 지금 중국의 발전 추세를 보면 중국에서도 언젠가 국산 반도체 업체가 나올 수 있겠지만 이는 그리 쉽지 않다. 2019년 중국의 반도체 자급률은 16%이지만 이 비율은 지금도 거의 변하지 않았다. 중국에서 쓰이는 반도체는 대부분 여전히 해외에 의존할 수밖에 없다. 중국 정부는 반도체 국산화를 주도하여 무려 7만 1,000사의 기업이 반도체 제조에 앞장섰지만 대부분은 사업이 시작되기도 전에 좌절했고 다른 회사도 경영난에 빠지는 경우가 잇달아 일어났다. 칭화대학에서 생긴 중국의 반도체 국산화의 중심이 될 것으로 생각된 '자광집단'조차 파산을 선언했다. 사실 의외로 중국 기업은 기술력이 뛰어나지 못하다. 자동차 산업만 봐도 그만큼 나라가 전기자동차(EV)에 힘을 기울였지만, 세계적으로 통용되는 제조사는 여전히 한 개도 없다. 다른 제조 분야에서도 중국 기업이 세계에 두각을 나타낸 기업은 아직 등장하지 않았다. 통신사인 화웨이는 별개이지만 화웨이도 미국에서 엄격한 제재를 받고 있으며, IT 기업의 강자인 알리바바와 텐센트는 중국 당국의 눈 밖에 나서 엄격하게 규제받고 있다. 참고로 화웨이의 2021년 1월에서 3월의 미국과 유럽향 스마트폰 출하는 전년 동기 대비 81% 감소라는 참담한 실적을 기록했다. 미국의 제재가 효과를 나타낸 결과다.

마지막으로 중국의 크나큰 오점이 될 것 같은 것이 우한바이러스연구소에서 코로나바이러스가 유출된 문제다. 바이든 대통령은 5월 26일 정보기관에 '90일 이내에 상세한 결과를 보고하라'고 지시했다. 또한 2021년 6월, 제이크 설리번 미국 안보보좌관은 FOX 뉴스의 인터뷰에 '중국이 코로나바이러스의 기원에 관한 추가 조사에 응하지 않을 경우, 국제사회에서 고립될 것'이라고 경고했다. 이것은 협박이 아닌 미국 측은 코로나바이러스가 우한바이러스연구소에서 유출되었다는 결정적인 증거를 가진 것으로 보인다. 인터넷에 떠도는 중국 고위 관리가 미국으로 망명한 이야기(중국국가안전부 동경위〈董経緯〉 부부장이 우한바이러스연구소에서 바이러스가 유출된 증거를 갖고 망명)는 사실일 것이다. 이 증거가 나오면 중국은 과거에 없는 궁지에 빠지게 될 것이다. 어쨌든 중국공산당에 100주년은 한 시대의 이정표이자 큰 시련이 시작되는 한 해임이 분명하다.

IT 기업 옥죄기에 나선 중국 정부

"중국 기업의 해외 상장 규제를 강화하겠다."

지난 2021년 7월 6일, 중국 정부가 갑자기 중국 기업에 대한 규제 강화 방침을 밝혔다. 6월 30일, 드디어 미국에 상장한 중국의 최대 차량 공유서비스 디디추싱(디디)이 시가총액 670억 달러, 일본 엔화로 7조 3,700억 엔 이상의 대규모 상장이 되면서 모처럼 시장을 들썩이게 했다. 중국 정부의 갑작스러운 발표는 시장에 강하게 찬물을 끼얹었다. 상장한 지 얼마 안 된, 디디의 주가는 이틀 만에 30% 이상 폭락하고 공모가도 크게 하락해 투자자들을 실망시켰다. 이럴 것이었으면 중국 정부는 디디가 상장하기 전에 정책을 발표했어야 했다. 자본시장의 규칙이나 투자자를 무시하는 정국 정부의 태도는 '역시 중국'이라는 소리가 나올 만큼 민주주의 국가나 자본시장의 상식에서 벗어난 것으로 보인다. 디디는 중국을 대표하는 성공한 기업이고 중국 기업이 세계로 뻗어 나가는 것은 중국 정부에게도 자랑스러운 일이 아닐까? 왜 중국 정부는 글로벌 투자자들의 접근을 막는 것일까?

2020년, 중국 정부는 알리바바의 자회사인 앤트그룹을 상장 직전에 무기한 연기시켰다. 이것도 시가총액이 8조 엔에 달라는 초대형 이벤트였다. 각종 규제와 갑작스러운 상장 연기 등으로 가뜩이나 글로벌 투자자들이 경계의 눈빛으로 보는 중국 기업에 적극적으로 투자하는 투자자는 갈수록 줄어들 것이다. 그래도 중국 정부는 상관이 없을까? 실제로 이번 사태로 디디뿐 아니라 많은 중국 기업의 주가가 급락했다. 앤트그룹 상장 연기에서 시작된 정부의 방침 전환에 따라 중국을 대표하는 기업들의 인기는 땅에 떨어졌다. 미국이나 홍콩에 상장하는 중국 기업의 시가총액은 2020년 말부터 앤트그룹을 포함하면 100조 엔 이상 증발했다. 이런 것이 정말로 중국의 이익에 도움이 될까? 중국 정부의 진정한 목적과 향후 방향을 짚어보자.

"플랫폼 경제는 중요한 시기를 맞이하고 있다. 건전하게 발전하려면 지금 당면한 문제를 해결해야 한다."

시진핑 주석은 지난 3월 회의에서 플랫폼 기업이 가진 문제를 언급했다. 중국에서 시진핑 주석의 말은 매우 중요하고 이런 발언이 보도되는 것은 중국 정부가 방침을 밝히는 전조라고 할 수 있다. 하지만 플랫폼 기업이 '현재 당면한 문제'란 무엇일까?

이것은 단순하게 생각하는 편이 더 이해하기 쉬울 수도 있다. 지금 전 세계에서 구글, 애플, 페이스북, 아마존, 마이크로소프트 등의 플랫폼 기업, 이른바 GAFAM이라 불리는 플랫폼을 독점한 기업들이 거대한 부를 독점하고 있다는 점이 문제로 떠올랐다. 이런 거대 플랫폼 기업들이 우리 개인들에게서 엄청난 양의 데이터를 수집해 교묘하게 활용하고 다양한 비즈니스를 해서 이익을 독점하고 있다. 이 플랫폼들은 너무나 편리해서 우리는 구글을 통해 무료로 검색하고 애플 스마트폰을 하루 종일 손에 쥐고 정보를 수집하며 페이스북으로 친구들과 소통하고 아마존에서 쇼핑을 한다. 이런 행동들은 모두에게 일상적인 일이 되었다.

이를 통해 구글은 우리가 어떤 것에 관심이 있는지, 애플의 스마트폰으로도 우리가 무엇을 좋아하고 일상적으로 무엇을 하고 있는지를 알 수 있다. 게다가 당신이 현재 어디에 있고 어디로 이동하는지, 우리가 일상생활을 어떻게 하는지, 우리가 페이스북에서 어떤 친구를 사귀고 어떤 취향을 가졌는지, 우리가 아마존에서 무엇을 사는지 알고 있다. 말하자면 이 플랫폼 기업들은 우리 일상의 축적을 통해 우리보다 우리를 더 잘 알게 되었다. 무료로 할 수 있다는 편리함에 끌려 어느새 우리는 플랫폼 기업에 모든 것을 알려주는 셈이다.

이런 맥락에서 '데이터의 중요성'을 부르짖게 되었다. 20세기는 '석유의 시대'였지만 21세기는 '데이터의 시대'다. 데이터를 통제하는 사람은 모든 것을 통제한다고 하며, 현재 전 세계 사람들이 GAFAM의 통제 아래 사는 느낌이다. 우리는 모두 GAFAM에 일거수일투족이 알려져 있다. 지금은 누구나 '벌거벗은 상태'다. '데이터를 아는 사람들은 우리의 선호도와 행동, 아마도 우리의 재정 상황, 심지어 감추고 싶은 비밀도 알게 될 것이므로 그들에게 걸리면 우리는 그물에 걸려든 물고기처럼 조종당할 수도 있다.

그런 이유로 전 세계적으로 열띤 논쟁이 벌어지고 있다. 개개인은 플랫폼 기업들에서 데이터를 되찾아야 한다고 주장한다. '내 데이터를 함부로 쓰지 말라', '데이터를 돈 버는 도구로 삼지 말라'는 외침이다. '데이터는 원래 개인의 것이니 데이터를 소유자인 개인에게 돌려달라'는 말이다. 이렇게 '데이터를 독점해 마음대로 사용하는 것'이 플랫폼 기업의 '문제'이며 이는 국가를 막론하고 전 세계적으로 공통적인 문제라고 생각된다.

그런데 중국 같은 독재국가는 좀 다른 관점에서 이 문제를 해석한다. 그것은 민주주의 국가의 경우 '데이터는 개인의 것이니 개인에게 돌려달라'로 해석하지만 중국 같은 독재국가에서는 '데이터는 나라를 통치하는 중국공산당의 것이니까 플랫폼 기업은 데이터를 중국공산당에 돌려줘라'라는 논리를 내세운다.

중국공산당이 보기에는 중국의 플랫폼 기업, 알리바바도 텐센트도 JD닷컴도 이번에 상장한 디디도 '중국공산당이 있기에 발전할 수 있었다'고 전제하는 것이다.

예를 들어 알리바바와 텐센트는 중국공산당의 지원이 있었기에 중국 시장을 독점할 수 있었다. 본래는 인터넷의 선행주자인 구글이나 페이스북이 중국 시장을 석권해도 이상하지 않은 상황이었다. 하지만 중국 정부는 구글과 페이스북을 중국 내에서 추방했다. 알리바바도 텐센트도 강력한 경쟁자가 사라졌고 중국 내에서의 경쟁에만 몰두하면 되었다. 그 결과 알리바바와 텐센트는 14억 명이라는 거대한 인구를 둔 중국 시장에서 승리자가 되었다. 14억 명의 규모를 가진 플랫폼 기업이라면 엄청난 양의 데이터와 규모의 힘으로 세계 시장의 경쟁에 나서거나 경쟁에서 이길 체제를 완성할 수 있는 것도 당연하다. 이렇게 알리바바도 텐센트도 중국공산당의 비호 아래 눈부신 발전을 할 수 있었다는 논리다.

폭언으로 받아들여진 마윈의 정론

그런데 알리바바는 공산당의 은혜를 잊고 오만해졌다. 이것은 2020년 10월 24일, 상하이에서 알리바바의 창업자이자 회장인 마윈의 연설에 드러났다.

당시 문제가 된 마윈의 연설 내용을 살펴보자. 그는 공산당 고위 간부를 앞에 두고 거침없이 말했다.

"좋은 혁신가들은 감독을 두려워하지 않지만 과거의 방식으로 감독당하는 것을 두려워합니다. 예를 들어 기차역을 관리하는 방식으로 공항을 관리할 수 없듯이 과거의 방식으로 미래를 관리할 수 없습니다."

이 규제 당국에 대한 불만은 반드시 말하고 싶었던 '마윈의 본심'이었으리라. 중국공산당 당국은 다양한 규제를 하고 있는데, 마윈처럼 첨단을 달리는 경영자가 보기에는 공산당의 관리 감독은 시대에 뒤떨어진 방식이다. 공산당의 관리 감독은 '마치 공항 관리를 철도 관리와 같은 방식으로 하려 한다. 그것은 시대의 변화와 현장을 알지 못하기 때문이다', '감독 당국이 정확히 시대를 파악해 그 시대를 알고 있는 관리를 해야 한다'는 뜻이다. 이른바 공산당의 관리 방식은 시대에 뒤떨어졌으며, 그들의 생각은 경직되고 머리가 돌아가지 않는다는 의미였을 것이다.

시대의 최첨단을 이끄는 인터넷 기업의 경영자가 이렇게 생각하는 것은 충분히 이해할 수 있으며, 그렇게 시대의 흐름을 누구보다 빨리 감지했기 때문에 알리바바를 세계적인 기업으로 발전시킬 수 있었다.

그러나 그 말이 아무리 논리적이고 정론(正論)이라 해도 공산당 간부 앞에서 당당하게 발언한 것은 현명하지 못했다. 중국에서는 공산당이 가장 위대하고 공산당 간부에게는 낮은 자세로 겸손하게 말해야 한다고 인식된다. 마윈이 수면 아래에서 공산당 간부에 대해 관리 방식이 시대에 뒤떨어져 있다고 돌려 말했다면 모를까, 당당하게 수많은 중국인이 보고 있는 큰 행사에서 공산당 간부를 시대에 뒤떨어졌다고 지적했으니 공산당 간부의 체면이 말이 아니게 되었다. 마윈은 시대에 뒤떨어진 규제를 남발하는 공산당 간부에게 쌓이고 쌓인 불만을 공개적인 장소에서 분명하게 표출하고 싶었을 것이다. 그러나 그 행위는 당연히 공산당 간부의 분노를 끌어냈을 뿐이었다.

더욱이 마윈은 "오늘날의 은행은 여전히 전당포식 사고를 한다. 저당과 담보는 모두 전당포적 방식이다. 중국 은행의 전당포식 사고는 대단히 심하며 수많은 기업가에게 악영향을 끼치고 있다"라고 기존 은행을 비판했다. 이것은 사실 공산당 당국의 은행 행정을 비판하는 발언이기도 하다. 알리바바가 만든 앤트그룹은 단 3

초 만에 대출을 결정하고 부실채권 비율이 은행 대출의 절반 이하였으니, 이것은 대단한 능력이다. 마윈이 '저당과 담보에만 의존하면 진정한 창업가를 선별할 수 없다'고 은행을 비판한 이유가 여기에 있다. 시대에 뒤떨어진 금융 행정을 바꿔주길 바라는 것은 마윈이 진심으로 중국 경제를 발전시키고 싶기 때문일 것이다. 그로서는 공산당의 기존 정책을 때려 부수고 새로운 가치관을 정립하게 하고 싶었으리라. 그것이 결국은 공산당 그리고 중국 전체의 발전으로 이어진다는 생각이다. 이것은 정론이지만 공산당 간부에게는 그 거침없는 발언을 도저히 참을 수 없었을 것이다.

이 일을 들은 시진핑은 격노했고 하룻밤 만에 앤트그룹은 상장 연기되었다. 시진핑은 무엇에 분노했을까? 당연히 공산당의 권위 실추에 대해 분노했겠지만 그 원인은 어디에 있을까? 근본적인 원인을 제거해야 한다고 생각했으리라. 그렇다면 근본적인 원인은 무엇일까? 마윈이 공산당 간부들 앞에서 당당하게 자신의 논리를 말할 수 있었던 것은 공산당이 두렵지 않았기 때문이다. 또는 공산당 간부보다 마윈 자신이 진정한 힘을 갖고 있다고 생각했기 때문일 것이다.

사실 마윈은 이름만 '공산당 간부'라고 으스대는 사람들보다 더 큰 권력을 갖고 있었다. 세계 최고의 부자일 뿐 아니라 알리바바라는 기업 덕분에 중국 전체의 구매력, 개인의 신용도, 물건을 판매하는 수단 등 실질적인 권력을 갖게 된 것이다. 공산당 간부는 자신들이 위대하다고 칭해도 사실 마윈이 그들보다 더 강력했던 것은 분명하다. 마윈은 공산당 서열은 없어도 실권을 쥔 셈이다. 알리바바와 앤트그룹을 통해 중국 1억 명의 개인정보를 기반으로 무엇이든 할 수 있는 시스템을 구축했다.

일본 에도시대에는 사농공상이라고 해서 무사가 가장 높고 상인은 가장 낮은 신분이었다. 그러나 경제가 번창하면 상인들은 경제력으로부터 큰 힘을 얻는다. 그럴 때 나는 무사라고 아무리 외쳐도 아무도 상대하지 않기 마련이다. 중국 국민 전체의 데이터를 파악하고 다양한 비즈니스를 할 수 있는 마윈은 중국에서 상상을 초월하는 힘을 갖게 되었다. 시진핑을 비롯한 공산당 간부들은 이것을 깨닫고 이 상황을 간과할 수 없다고 생각했다. 중국의 어느 누구도 공산당보다 위대해서는 안 되기 때문이다.

그리고 이 문제는 단순히 마윈에 국한된 개인의 문제가 아니라 플랫폼 기업이 데이터를 독점하고 그 혜택을 한꺼번에 누리고 있다는 점에 있다. 시진핑을 비롯한 공산당 간부들은 그 부분을 수술할 필요가 있다는 것을 깨달은 것이다. 따라서 이 문제는 단순히 마윈 개인이나 알리바바만을 표적으로 하는 문제가 아니라, 플랫폼 기업에 대한 전반적인 지배력을 강화하고 데이터를 그들 기업이 아닌 공산당이 되찾아야 한다는 방향으로 전환한 것이다. 이렇게 해서 중국공산당은 2021년 들어 플랫폼 기업을 잇달아 압박했고, 급기야는 미국 시장에 상장한 디디에 압력을 가했다.

그래야 중국공산당이 권력과 권위를 되찾을 수 있다.

실제로 많은 중국 기업이 손바닥 뒤집듯 나라에 아양을 떨기 시작했다. 과거보다 노골적으로 '나라에 대한 공헌'을 강조하며 전면에 내세우게 되었다. IT 기업들은 '공산당 창립 100주년을 축하한다'는 메시지를 보내기도 했다.

하지만 데이터를 빼앗긴 중국의 IT 기업은 그 후 어떻게 돈을 벌까? 마윈은 잠적했지만 어디서 무슨 생각을 하고 있을까? 이미 많은 중국 기업이 미국 상장을 포기했다고 선언하기 시작했다. 틱톡(Tik Tok)을 운영해 전 세계를 휩쓴 중국의 테크기업 바이트댄스도 결국 미국 상장을 포기했다.

바이트댄스는 매출 3조 엔, 영업이익 7,000억 엔을 올리는 중국 기업의 샛별이었다. 이 기업을 이끈 카리스마 넘치는 설립자 겸 최고경영자 장이밍(張一鳴)은 불과 38세라는 젊은 나이에 경영일선에서 물러났다. 중국에서는 IT 기업 창업자들이 속속 은퇴하는 분위기다.

실제로 이번 일련의 흐름 속에서 시진핑과 공산당은 권력을 유지하는 데 성공한 것처럼 보인다. 하지만 공산당의 지나치게 노골적인 기업 개입은 중국 경제의 활력을 떨어뜨릴 것이다. 중국 경제는 서서히 기세를 잃고 혁신이 사라질 것이다. 중국공산당은 활력의 원천이었던 경제 성장의 동력을 잃고 벌거벗은 임금님에 가까워지는 듯하다.

디지털화폐 – 미중 공방

"중앙은행 디지털화폐(CBDC) 추진 여부와 추진 방식을 정하기에 앞서 반드시 폭넓은 목소리에 귀를 기울일 것을 약속한다."

2021년 5월 20일 FRB의 파월 의장은 영상 메시지를 공개했다. 연방준비제도이사회(FRB)가 디지털 달러의 발행을 염두에 두고 그와 관련된 다양한 논점을 그해 여름 발표할 계획이다. 세계 통화시장을 급변시키려는 움직임, 즉 달러의 디지털화가 현실로 나타났다. 중앙은행 디지털 통화, CBDC는 말 그대로 CB(Central Bank)와 DC(Digital Currency)를 합친 것으로 중앙은행이 지폐가 아닌 디지털화폐를 발행한다는 의미다. 이는 비단 미국 달러에만 국한된 것이 아니다. 중국에서는 디지털 위안화이고 유로권에서는 디지털 유로이며 일본에서도 일본은행이 디지털 엔화를 발행한다.

일본, 미국, 유럽 등 중국을 비롯한 신흥국과 세계 각국의 중앙은행이 디지털화폐를 발행할 조짐을 보인다. 오랜 인류 역사 속에서 화폐 형태가 이렇게 극적으로 바뀐 적은 없었다. 당연히 이번 일은 현재의 세계 지형을 크게 바꿀 수 있다. 미국의 달러 통치를 종식시킬 수도 있고 중국의 디지털 위안화가 크게 영향력을 미칠 수도 있다.

한편으로 개발도상국도 자국 경제에 대한 영향력을 키우기 위해 중앙은행이 디지털화폐를 발행할 가능성도 있다. 일련의 움직임으로 세상은 어떻게 바뀔까? 미국이 달러를 통해 통화 패권을 유지할 수 있을까? 중국의 목표는 무엇일까? 미국과 중국은 이미 물밑에서 치열한 공방을 벌이고 있다. 디지털화폐에 관한 추세를 짚어보자.

미국 연방준비제도(FRB)는 2021년 여름, 디지털 달러를 실현하기 위한 구체적 로드맵을 발표할 계획이지만 선뜻 추진하지는 않을 것이다. 미국으로써는 '달러만이 세계에서 통용되는' 현 체제가 편하다. 세계는 사실상 미국 달러에 지배되고 있으므로 미국은 지금과 같이 미국 달러 현물 유통을 주류로 한 '통화체제 지속'을 원한다. 그래서 통화 디지털화에 대해 다양한 각도로 논의했지만, 미국 당국은 초지일관 발행에 소극적인 자세를 견지했다. 일본과 유럽도 그 뒤를 따랐다. 하지만 시대의 변화는 더 이상 그런 태도를 용납할 수 없게 만들었다.

페이스북이 개시한 리브라(libra)라는 암호화폐 프로젝트와 이미 전 세계적으로 유통되는 비트코인을 비롯한 암호 자산이 폭발적으로 확대되고 있다. 그러나 미국은 이런 민간의 움직임보다 중국 정부의 디지털 위안화 발행 계획이 구체화되고 있는 것을 더 우려한다. 중국 정부는 2022년 베이징 동계올림픽이 열리기 전에 디지털 위안화를 발행하겠다고 밝혔다. 미국으로써는 미국 달러에 앞서 전 세계에서 중국 위안화가 디지털화폐로 유통되는 사태를 용납할 수 없을 것이다. 어떻게든 디지털 위안화가 발행되기 전후에 디지털 달러도 세계에 유통시켜야 한다. 어쨌든 디지털화폐는 사용하기 편리하다. 일본의 교통 IC 카드인 스이카를 사용하는 사람은 알겠지만, 디지털화폐는 간편하며 일일이 현금을 갖고 다닐 필요가 없어서 정말 편리하다. 일단 디지털화폐를 사용하기 시작하면 그 편의성으로 인해 계속 사용하게 된다. 그래서 달러 체제의 종주국인 미국은 중국이 세계 최초로 디지털 위안화를 발행하는 행위를 결코 간과할 수 없다.

그럼 디지털 위안화가 발행되면 중국 당국의 계산대로 단번에 세계로 확산될까? 그렇게 간단하진 않을 것이다. 위안화의 인기가 없는 것은 그만한 이유가 있기 때문이다. 중국은 국내총생산(GDP) 세계 제2인 강국이지만 자국 통화인 위안화가 세계 외환시장에서 차지하는 비중은 2%에 불과하다. 세계에서 대부분의 무역 결제는 미국 달러로 이루어진다. 중국 위안화는 사용하기 너무 불편하기 때문이다. 위안화는 외환시장에서 자유롭게 유통되지 않으며 중국은 자본 규제를 강하게 한다. 해외 투자자가 아무리 많이 위안화를 보유하고 있어도 중국의 주식과 채권을 자유롭게 살 수도 없고 또 매각한다고 해도 자유롭게 해외로 반출할 수 없다. 위안화도 돈인데 마음대로 사용할 수 없는 것은 말이 안 된다. 그래서 어떤 국가나 기업도 무역 결제 수단으로 위안화를 쓰고 싶어 하지 않는다. 디지털 위안화가 되어도 이 상황은 달라지지 않을 것이다. 중국이 정말로 위안화를 전 세계에 유통하고 싶다면 위안화를 미국 달러처럼 자유롭게 사용할 수 있는 화폐로 만들어야 한다. 이것은 중국 당국에 골칫거리다.

중국의 각개격파 전략

지금까지 중국은 세계의 미국 달러 제도권 내에 있었고 그 혜택을 톡톡히 받았다. 그러나 요즘은 미국과 중국의 갈등이 심화되어 패권 다툼 양상을 띠고 있다. 중국의 경제 발전은 괄목할 만한 수준이며 이런 추세라면 2030년 이전에 미국과 중국의 GDP가 역전될 것이라는 전망이 커지고 있다. 미국과 중국이 숙명적인 대립각을 세우며 서로 양보할 수 없는 상황이 되어가고 있다. 중국은 당연히 미국을 뛰어넘어 세계 패권을 쥐고 싶으니 미국 달러에 의존하는 체제를 감수할 수는 없다. 중국은 결국 자국 통화인 위안화를 세계적으로 유통시키고 싶을 것이다. 그러기 위해서는 위안화의 자유로운 유통이 불가피하다.

하지만 가까운 시일 내에 그렇게 하면 오히려 중국에서의 자본 유출이 멈추지 않을 가능성도 있다. 위안화 유통 지역을 확대하는 것은 좋지만 그럴 경우 위안화 환율을 조정하기 어려워진다. 이처럼 위안화 유통 확대는 중국에게 '병 주고 약 주고'인 면이 있다.

그래서 중국은 단계적으로 조처를 하려 한다. 일단 디지털 위안화를 실험적으로 도입하여, 예를 들어 일대일로에서 중국이 강한 영향력을 미치는 나라들에 디지털 위안화를 사용하게 할 것이다. 캄보디아와 라오스는 아시아에서 가장 친중국 성향을 띤다. 중국은 이번 코로나 팬데믹을 계기로 개발도상국에 백신을 제공해 영향력을 확대하려고 하고 있다. 중국은 아프리카와 중동에도 세력권을 넓히려고 하고 있다. 중국은 이들 국가별 통신 인프라를 정비하고 백신을 제공하며 디지털 위안화를 사용하게 하는 식으로, 즉 각개격파로 세력권을 확대해 나갈 심산이다. 때에 따라서는 중국은 원조와 무역 혜택을 협상할 때도 디지털 위안화를 사용한다는 조건을 걸어 영향력을 확대하려 할 수도 있다.

현재 많은 나라가 중국산 코로나 백신을 사용하고 있으며, 중동과 아시아에서도 중국과의 관계가 깊어지는 나라도 있다. 지난 2월 4일, 중국인민은행은 홍콩, 태국, 아랍에미리트(UAE)와 함께 디지털화폐 공동연구를 시작하겠다고 발표했다. 앞서 말했듯이 UAE는 중동에서 전통적인 친미 국가다. 그런 나라가 중국산 백신 3차 접종을 시작했다. UAE는 중국 백신의 제조 거점이 될 수 있다는 뜻이다. UAE는 통신 인프라를 화웨이의 5G 기술을 사용하기로 했다. 이처럼 중국은 친미 국가에 적극적으로 접근하고 있다. 사우디아라비아도 아랍에미리트의 뒤를 따를 수 있다. 이런 흐름이 확대되도록 미국이 보고만 있을 수는 없다.

이들 국가가 통신 인프라와 함께 중국의 디지털 위안화를 사용하기 시작하는 것은 미국에 매우 중대한 사안이다. 단순히 달러 사용량이 줄어드는 것뿐 아니라 이런 움직임이 전 세계적으로 확대되면 당연히 달러가 남아돌게 될지도 모른다. 그러면 전 세계 달러의 과잉유통으로 인해 달러가 폭락할 수도 있다. 그런 사태가 가까운 미래에 일어날 것 같진 않지만 디지털 위안화가 예상외로 빠르게 신흥국을 중심으로 확대되고 있으니 방심할 일이 아니다.

또한 신흥국 중앙은행의 디지털화폐 발행은 화폐 독립 상태가 속출할 수 있다. 예를 들어 캄보디아에서는 캄보디아 중앙은행이 발행하는 디지털화폐 '바콘'이 널리 유통되기 시작했다. 지금까지는 캄보디아 예금의 80%까지는 달러로 보유하고 있었는데 캄보디아가 국가적으로 디지털화폐를 발행하기 시작하면서 상황이 달라지는 모양새다. 원래 캄보디아 같은 개발도상국은 은행 등의 금융 인프라가 갖추어져 있지 않아 국민 대부분이 은행 계좌를 갖고 있지 않다. 그런데 이와 대조적으로 국민의 휴대전화 보급률은 150%에 이른다. 이런 개발도상국에서는 디지털화폐가 빠르게 보급될 수 있다. 그러면 일부 신흥국에서는 기존에 널리 쓰이던 미국 달러에서 자국이 발행하는 디지털화폐로 전환될 가능성도 있다. 이렇게 보면 화폐의 디지털화는 미국 달러의 적수라 할 수 있으며, 미국 달러는 디지털화의 물결로 어려운 상황을 맞이할 수도 있다는 점은 부인할 수 없다.

한편으로 중국은 어쨌든 디지털 위안화를 세계적으로 보급하는 것을 목표로 할 것이다. 중국은 우선 미국, 유럽 등 선진국에서 디지털 위안화가 보급되리라고는 크게 기대하지 않을 수 있다. 중국으로써는 자신의 활동 영역인 아시아 전역과 일대일로에 연관된 신흥국들이 디지털 위안화를 사용하여 경제권을 구축할 수 있다면 그것으로 충분하다고 생각할 수도 있다. 미국과의 대립은 피하고 싶을 테니 자국의 영향력이 미치는 범위에서 최대한 확산시킬 생각일 것이다.

이렇게 중국은 차근차근 디지털 위안화 발행에 포석을 깔고 있다. 2020년 10월, 중국 당국은 광저우성 선진에서 디지털 위안화 보급 실험을 시작했다. 이어서 12월에는 장쑤성 쑤저우에서 10만 명을 대상으로 더 큰 규모의 실증 실험을 했다. 첫 단계에서는 추첨에 당첨된 사람만 이용할 수 있고 금액도 당국이 배포한 1인당 200위안(약 3만 5,000원)에 불과했다. 하지만 이번 봄부터 실험이 진행된 지역 주민이라면 누구나 '디지털 지갑'을 만들 수 있게 되었다. 중국 공상은행 등 대기업 은행 계좌가 있으면, 앱으로 몇 분 만에 개설할 수 있다. 자신의 은행 계좌에 있는 위안화를 디지털 위안화로 대체할 수 있게 된 것이다.

당국은 실험 지역을 차례차례 확장하고 있다. 선전, 쑤저우에 이어 현재 10여 개 지역이 실증 실험을 하고 있다. 이렇게 현재 개인이 연 디지털 지갑은 2,087만 개를 넘는다. 법인의 디지털 지갑도 351만 개에 달했다. 그야말로 본격화되기 직전의 상태다. 당국은 현재 10개 지역에서 하는 실증 실험에 27개 지역을 추가하겠다고 밝혔다. 그러면서 1회 지급 상한액을 인상하고 있다. 이용자의 신용도에 따라 다르긴 하겠지만 신용도가 높은 개인이나 법인의 상한액을 무제한으로 올렸다고 한다. 이러면 실질적으로 실험 지역에서는 완전 도입되었다고 볼 수 있다.

당연히 디지털 위안화를 사용할 수 있는 범위도 급속히 늘어났다. 지하철을 예로 들자면 매일 1만 명이 이용하는 베이징 지하철에서도 디지털 위안화를 이용할 수 있게 되었다.

2022년에 개최되는 베이징 동계올림픽에서 많은 관광객이 중국을 방문할 경우, 그들도 자동적으로 디지털 위안화를 사용할지도 모른다. 이러면 중국을 방문한 사람은 모두 자동적으로 디지털 위안화를 보유하게 되며 누구나 중국 정부의 감시하에 놓이게 되지 않을까.

암호 자산을 규제하고 디지털 위안화를 보급

아무튼 중국 당국의 최종 목표는 디지털 위안화를 국제적으로 통용하게 하는 것이므로 베이징 동계올림픽으로 찾아올 해외 관광객은 디지털 위안화를 쓰게 할 최고의 실험 대상인 셈이다.

한편으로 중국 당국은 디지털 위안화 보급에 걸림돌이 되는 요소를 제거할 방침이다. 중국 당국은 비트코인을 비롯한 암호 자산 규제를 강화하겠다고 밝혔다. 중국 당국은 금융기관과 결제기업이 암호 자산 관련 업무를 하는 것을 전면 금지했다. 이렇게 해서 중국에서는 금융기관이 암호 자산을 받아들이거나 지급 결제에 이용할 수 없게 만들었다. 이렇게 중국에서는 암호 자산 유통이 사실상 불가능해졌다. 이것은 디지털 위안화를 발행하고 널리 보급하기 위한 밑 작업이다.

또 중국은 알리바바와 텐센트 등 IT 기업을 강하게 옥죄이고 있다. 중국 당국은 2020년 11월, 알리바바 산하의 앤트그룹 상장을 연기시켰다. 그 후 IT 기업이 팽창하는 것을 막고 규제하고 있다. 현재 중국의 전자결제 점유상태를 보면 알리바바 산하의 알리페이가 55%, 텐센트 산하의 위챗페이가 39%로 이 두 기업이 과점 상태다. 이런 IT 기업의 힘이 지나치게 강해졌으므로 국유은행을 중심으로 한 기존형 금융기관은 힘든 상황에 놓였다. 이대로 IT 기업이 팽창하는 것을 내버려 두면 기존 금융기관이 존속하기도 힘들게 될 가능성이 있다. 그래서 중국 당국은 대담한 정책 전환을 한 것으로 보인다. 지금까지 자유롭게 헤엄치게 놔둔 IT 거대기업의 날개를 꺾고 그들이 모아온 데이터와 구축한 시스템을 '공산당의 지배하'에 두겠다는 것이다.

그렇다고 거대 IT 기업의 권익을 노골적으로 빼앗을 수는 없다. 또 이렇게 거대한 영향력을 행사하는 IT 기업의 힘을 갑자기 빼앗으면 사회 전반에 혼란이 일어날 것이다. 이미 IT 대기업이 구축한 스마트폰 결제 시스템은 전국 대부분의 사업체에 쓰이고 있으며,

중국의 생활 인프라로 자리잡았다. 따라서 중국 당국은 디지털 위안화를 결제 기능의 핵심으로 보급시킬 것으로 보인다.

이런 방식으로 디지털 위안화를 보급함으로써 알리페이와 위챗페이가 점차 약세를 보이게 해서 두 기업의 과점체제를 바꾸어 나가자는 것이다.

이렇게 해서 디지털 위안화를 총괄하는 중국인민은행이 양사로부터 결제 점유율 대부분을 빼앗을 수 있다면 (점차 이렇게 될 것이다) 중국 당국은 자금 흐름을 100% 파악할 수 있을 것이다. 당국이 중국 실물경제 전체를 완전히 감시하고 파악하여 궁극적으로 통제할 수 있다는 의미다. 이러한 모습이 좋은지 나쁜지는 모르겠지만 디지털 위안화를 널리 보급하는 것은 중국 당국이 모든 자금의 흐름을 알게 된다는 뜻이다. 이것이야말로 중국 당국이 궁극적으로 원하는 바다. 또한 해외로 디지털 위안화를 확산시키면 화웨이의 통신 기능을 활용해 모든 거래 내역을 파악할 수 있다. 이것이 바로 중국 당국의 목표다.

현재의 국제 송금 시스템은 스위프트(SWIFT, 국제 은행 간 통신협회)를 통해 진행된다. 이 경우 외화는 미국 달러로 교환된다. 여기서는 거래 상세 내용이 미국 당국에 전부 파악된다고 생각해야 할 것이다. 이에 대항해 중국은 2015년, 독자적인 은행 간 결제시스템(CIPS)을 구축했다. 여기서는 위안화로 결제할 수 있다. 중국으로써는 디지털 위안화 보급을 통해 CIPS 이용을 확대시키고 싶을 것이다.

한편 현재 디지털화폐의 국제 사용에 관해서는 당연히 문턱이 높다. 국제결제은행(BIS)는 디지털화폐의 국경을 넘는 거래에 관해 새로운 보고서를 정리했다. 현재 디지털화폐 자체는 국경을 넘을 거래에서 활용하지 않는다. 중앙은행으로써 디지털화폐를 정식 발행하는 것은 앞서 말한 캄보디아의 '바콘'과 바하마의 '샌드달러'뿐이며, 이것은 국경을 넘은 거래에 활용하지 않는다. 앞으로 디지털 위안화와 디지털 달러, 디지털 유로 또는 디지털 엔화가 등장할 경우, 당연히 국경을 건너는 거래를 어떻게 할지 논의해야 할 것이다. 디지털 위안화와 디지털 달러의 호환성이 없으면 국제 거래에 사용하려야 할 수가 없다. 그러므로 BIS는 각국의 디지털화폐를 연계하는 수단으로

1. 하나의 플랫폼에서 활용한다. 〈통합형〉

2. 디지털화폐 간의 공통된 결제 시스템에서 활용한다. 〈연계형〉

3. 기술 및 규제상 기준을 갖춘다. 〈호환형〉

이런 3가지 방안을 제시했다. 세계를 하나의 플랫폼으로 연결할 수 있다면 편리하겠지만 현실은 미국과 중국 등 이해관계가 복잡하게 얽혀 불가능하다. 연결된 형태라면 가능성이 있을 수 있다. 미국, 일본, 유럽의 민주주의 진영이라면 이 문제를 통합할 수 있을지도 모른다. 하지만 중국이 들어오면 논의가 복잡해지므로 잘 수습될지 의문스럽다. 이미 이 문제에 대해 일본은행은 '중앙은행

디지털화폐가 서로 안전하게 교환되도록 표준화를 통해 상호 운용성과 신뢰성을 확보하는 연구를 진행하는 것이 유용하다'고 밝혔다. FRB로써는 당연히 달러 패권 체제를 반드시 지키고 싶을 테니 만일 중앙은행 디지털화폐에 관한 국제기준이 생긴다면 그 과정에 처음부터 관여해 미국이 주도권을 가지는 것이 중요할 것이다. 연준은 내심 중앙은행 디지털화폐를 발행하고 싶지는 않겠지만 중국의 디지털 위안화에 이어 유로존 내 디지털 유로 발행이 일정에 올라오는 상황이다. 시대의 흐름을 보면 이제 연준도 디지털 달러 발행이라는 명제에서 벗어날 수 없다고 마음의 준비를 했을 것이다.

2021년 7월 14일, ECB(유럽중앙은행)는 연준에 앞서 디지털 유로 발행 준비에 착수하겠다고 선언했다. 이날 라가르드 ECB 총재는 '기어를 올려 디지털 유로 프로젝트를 시작할 것'이라고 분명하게 말했다.

ECB는 앞으로 2년간 조사 시기를 잡고 사용 편의성을 높이면서 금융시스템에 얼마나 악영향을 미치지 않을지 확인하면서 디지털 유로를 설계할 예정이다. 물론 자금 세탁 등의 불법행위를 완전히 방지하는 방법을 반드시 설계해야 한다. ECB의 현재 계획으로는 2026년 이후 정식으로 디지털 유로를 발행하게 되어 있다.

어느 쪽이든 디지털 달러와 디지털 위안화의 발행 시기가 다가오고 있다. 이 동향과 그 후의 전개는 미중 두 나라의 패권 다툼의 귀추를 결정할 것이다.

엘리트주의의 공산주의로 회귀하는가?

"자본에 지배된 교육 영역을 돌려놓겠다!"

중국 정부는 초·중학생을 대상으로 한 학원에 경악할만한 규제를 발표했다. 학원은 비영리기관이어야 하며 금전적 이익을 목적으로 학원을 운영해서는 안 된다는 것이다. 중국 정부는 학원 설립에 관해 지금까지의 신고제를 폐지하고 앞으로는 초·중학생 대상 학원은 '허가제'로 변경함으로써 사실상 새로운 학원을 설립할 수 없게 막았다. 이로 인해 중국의 교육 관련 기업의 주가가 줄줄이 폭락했고, 신동방교육과기집단(新東方教育科技集團)의 주가는 단숨에 10분의 1로 곤두박질치기도 했다. 교육에 관한 영리기업을 존재하지 않게 하겠다는 방침이니 당연한 결과다.

중국 정부는 국가 차원에서 단번에 국민의 교육열을 식히려고 한다. '초·중학생은 공부만 하지 마라, 숙제도 많이 내서는 안 된다!'고 했고, '초등학교 1, 2학년에게는 쓰기 숙제를 내서는 안 된다. 초3부터 6까지는 하루 한 시간 정도, 중학생은 하루 한 시간 반 정도의 숙제를 내야하며 그것을 넘으면 안 된다'고 했다. 아이들에게는 꿈만 같은 이야기가 아닐까. 대신 '초·중학생은 스포츠와 독서, 문화 활동을 열심히 해야 한다'고 규정했다. 이것은 대단한 결정이다. 나도 어렸을 때는 공부가 너무 싫었고 숙제도 하기 싫었던 기억이 난다. 초등학교, 중학교 때는 다감한 시기이므로 친구와 즐겁게 놀고 동아리 활동을 통해 몸을 단련하는 것도 중요하다고 생각한다.

그런 일을 국가 차원에서 장려도 아니고 강제할 수 있다니 중국은 정말 놀라운 나라다. 일본에서도 초등학생과 중학생에 대한 과도한 교육열이 문제가 되고 있다. 유명 사립중학교 입시 공부를 위해 열심히 공부하는 초등학생들을 보면 '아직 어린데 이래도 되는 걸까'라는 생각이 든다. 이렇게 과도한 교육열을 중국에서는 '국가가 지도해서 중단시킨다'고 하니 중국공산당의 정책은 대담하기 짝이 없다.

만약 어린 시절에 이런 정책을 시행했더라면 공부를 싫어했던 나는 좋아했을 것이다. 하지만 한 발짝 물러나서 생각해보면 국가가 온갖 일에 감 놔라 배 놔라하며 강압적으로 나오는 것에는 마음이 불편하다. 애초에 교육열이 이렇게 격화된 것도 사회를 반영한 결과다. 학력에 따라 각자의 삶에 큰 차이가 나고 그 격차는 점점 벌어지고 있다. '사회 전체에서 허용할 수 없을 만큼 큰 차이가 나는' 현실을 반영하여 비정상적으로 높은 교육열이 퍼져 있는 것이다. 부모는 자식의 장래를 생각해 좋은 학교에 들여보내고 앞으로 좋은 직장을 구해줘서 자식이 어려움 없이 행복한 삶을 살길 바란다. 학력 사회인 중국 사회에서 그렇게 살 수 있도록 좋은 학교에 들여보내고 싶은 것이다. 그리고 부모로서 돈을 써서 좋은 학원에 보내어 내 아이의 미래를 빛나게 해주고 싶은 것은 지극히 당연한 일이다. '자식은 부모의 마음을 모른다'고 하는데 부모들이 공부하라고 입이 닳도록 말하는 것도 자식을 생각해서 하는 소리이며, 그 연장선상에 학원이 있다. 그런데 국가가 '교육을 위한 학원을 열어서는 안 된다'고 통제한다. 그렇다면 부모들은 아이의 장래를 위해 어떻게 해줘야 할까?

얼핏 보면 옳은 정책인 것 같은 중국 정부의 놀라운 '과도한 교육열을 식히기' 정책의 이면에는 중국에서 발생하는 다양한 모순점을 바로잡으려는 '숨겨진 의도'가 있다.

숨겨진 의도는 무엇일까?

이는 오늘날 중국 사회에 '고학력자는 별로 필요가 없는' 냉엄한 현실에서 비롯된다. 그래서 중국 정부는 '너 나 할 것 없이 대학에 갈 필요는 없다!'라고 말하고 싶은 것이다.

이것은 비단 중국뿐만이 아닐 수도 있다. 오늘날 사회는 소수의 엘리트만 존재하고 다른 이들은 단순 노동자로 존재해도 충분하다는 측면이 있다.

예를 들어 현재 세계를 지배하고 있는 GAFA, 즉 구글, 애플, 페이스북, 아마존과 같은 거대 기업에는 많은 노동자가 필요 없다. 이들 기업에는 최상급 인재가 몇 명 있으면 되고 그들에게만 높은 수입을 주고 그들이 새로운 혁신적 지혜를 창조해 낸다면 기업으로써도 충분하다. 다시 말해 GAFA는 계속해서 엄청난 이익을 내고 있지만 직원 수는 그 규모와 수익성을 고려할 때 매우 적다. 오늘날 세계의 현실은 '슈퍼스타 경제'라 불리며 승자가 모든 것을 가져가는 구도다. 많은 산업에서 최종적으로 1위만이 살아남을 수 있다. 그 결과 사회 전체적으로 소수의 엘리트만이 고소득을 올리는 구조가 되고 있다. 코로나 확산은 이 격차를 더욱 벌렸다.

일부 엘리트들은 집에서 재택근무를 하며 좋은 성과를 낼 수 있다. 하지만 특별한 기술이 없고 단순 작업만 할 수 있는 노동자는 사람을 직접 대해야 하는 직업밖에 하지 못하므로 코로나가 확산되자 일을 할 수 없게 되었다. 앞으로 코로나 이후 경기가 회복될 때도 이른바 K자형으로 한편으로는 경기 회복과 함께 고소득이 예상되는 일부 엘리트들과 한편으로는 기술이 없어서 대면 일자리만 해야 하는 저임금 노동자라는 '양극화 구조'는 멈추지 않을 것이다. 이것은 모든 나라와 사람들 사이에서 일어나고 있는 현상으로 매우 심각한 문제이지만 전 세계에서 점점 더 빠르게 진행되고 있다. 결코 피할 수 없는 시대 흐름이기도 하다.

그래서 중국 정부는 이 현실을 받아들일 방법을 궁리했다. 많은 사람을 대학에 보내 고학력 사회를 만들기보다는 단순 노동이나 공장에서 일하는 사람을 획기적으로 늘려야 한다. 사실 중국 내 고학력에 대한 기대감이 유난히 높아서 대졸자가 늘고 있지만 이들에게 줄 일자리가 없다. 반면 중국에는 인력이 극도로 부족해지고 있다. 제조업에 종사하는 공장 노동자나 사람들을 돌보는 간호 인력, 가정부 등이 부족하다. 이러한 단순 작업을 수행하는 인력이 절실하므로 중국 전체로써는 더는 대졸자가 필요하지 않다. 그래서 중국 정부는 어떻게 해서든지 국민의 교육열을 식히고 대다수를 저학력으로 만들고 싶어 한다. 그렇지 않으면 단순 노동자가 급감하고 사회구조가 왜곡되어 결국 국가가 버티지 못할 것이라는 위기 감이 팽배하다. 엘리트는 공산당원인 소수로도 충분하며 나머지는 저임금 단순 노동을 하면 된다는 중국 정부의 '숨겨진 의도'가 깔려 있다.

그러나 이처럼 냉혹한 현실과 숨겨진 의도를 공공연히 표명할 수는 없다. 그래서 생각해낸 것이 표면상 학력 격차를 없애겠다는 정책이다. 표면적으로는 학력에 대한 차이를 없애는 것이다.

이게 무슨 말인가 하면 직업전문학교 졸업자와 대학교 졸업자에 대해 동일한 자격과 가치를 둔다는 새로운 방침이다. 일본의 경우로 바꿔 말하자면, 전문학교 졸업자와 대학교 졸업자를 같은 위치에 놓고 취직 및 승진에서 차이를 두지 않겠다는 말이다.

이렇게 되면 전문학교만 졸업해도 대학교 졸업과 사회적인 차이가 없어지므로 많은 대학생이 어려운 대학 입시 공부를 집어치우고 직업학교에 갈 것이다. 그리고 중국 정부는 절대로 그들의 차이를 인정하지 않는다는 행정지도를 시행해 사실상 임금과 승진 격차를 없앨 것이다. 이렇게 하면 공장 노동자도 대졸자와 다른 점이 없어지므로 학생들은 불필요한 공부를 하지 않고 순순히 단순 노동을 하게 될 것이다.

이것이야말로 학력으로 사람을 차별하지 않고 모두 평등하게 취급받는 '공산주의'다. 실제로 중국 정부로써도 과열된 교육열을 빠르게 식혀서 사회에 단순 노동자를 공급하지 않으면 극단적인 인력 부족 사태로 빠져들어 사회가 지속되지 못할 가능성이 크다고 느끼는 것이리라. 시진핑이 목표로 하는 '중국적 특성을 지닌 사회주의'에서는 반드시 격차가 수정되어야 한다. 이렇게 중국에서는 교육행정을 근본적으로 바꾸려 하고 있다. 중국에서는 어릴 적부터 열심히 공부 따위 하지 않고 모두 자신의 기량에 맞는 이를 할 것, 그리고 그 일에 차이를 두지 않을 것, 단순 노동도 기쁘게 할 것 등 사회 안정을 위해 새로운 정책을 내걸었다는 뜻이다.

마오쩌둥 시대, 문화대혁명으로 수많은 지식인이 숙청당했다. 스탈린의 공포정치에도 많은 지식인이 숙청당했다. 가장 잔혹했던 캄보디아의 폴포트 정권은 조금이라도 교육받은 사람들을 대량 학살했다. 잠자코 시키는 대로 하는 인민만 살아남았다.

중국공산당 창립 100주년 기념식에서 시진핑 주석은 마오쩌둥과 마찬가지로 인민복을 입고 천안문 망루에 모습을 드러냈다. 중국은 과거 마오쩌둥 시대와 같이 '모두 가난하고 평등하게'라는 꿈을 이루는 그리고 숙청과 공포정치에 지배당하는 시대로 회귀하려는 것이 아닐까?

탄소중립과
자원 가격 급등

버핏의 의도를 놓치지 마라!

"일본 대형 상사의 미래에 참여할 수 있어 기쁘다."

2020년, 워런 버핏은 약 1년간 비밀리에 일본의 5개 상사의 지분을 5%에 이르기까지 계속 사들였다. 그는 향후 지분을 9.9% 수준까지 올릴 계획이라고 밝혔다. 일본에서는 '만년 저평가주'로 방치되어 온 무역회사 주식을 세계 제일의 투자자가 대량으로 취득한 것에 일본 및 전 세계 투자자가 놀라움을 감추지 못했다.

'저렴한 가격', '미국 주식이 너무 비싸져서 일본 주식으로 시선을 돌렸다', '향후 인플레이션을 가정해 매입' 혹은 '버핏의 회사 버크셔와 일본 상사는 경영 형태가 비슷해 시너지 효과가 있다', '달러 약세 헤지를 위해 해외 주식을 매수했다'는 등 여러 가지 투자 이유를 추측하고 있다.

하지만 확실한 투자 이유는 알 수 없다. 사람들은 버핏의 진의를 파악하지 못하는 것 같다. 버핏은 왜 상사 5개사(미쓰비시상사, 미쓰이물산, 스미토모상사, 이토추, 마루베니)를 사들였을까?

그것은 버핏이 '5개 상사는 앞으로 놀랄 만큼 큰 수익을 거두고 주가가 폭발적으로 오를 것'이라고 확신했기 때문이다! 여기서 핵심은 '천연가스, LNG(액화천연가스)'다. 버핏은 가까운 시일 내에 천연가스와 액화 LNG의 폭발적 수요 확대로 가격이 상승하리라 생각했다.

그러면 순서대로 버핏의 최근 투자 대상을 살펴보자.

코로나 확산으로 세계경제가 대혼란에 빠지고 그런 와중에 버핏이 투자 포트폴리오를 대폭 조정한 것이 보도되었다. 그중에서도 웰스파고를 비롯한 골드만 삭스와 JP모건 등 버핏이 '영구 보유'하고 있던 미국 대형 은행주와 항공주를 팔고 최근 대량 매수한 애플이 가파르게 상승해 화제가 되었다. 다만 이 투자 포트폴리오 전환은 코로나의 여파로 바꾼 것이다. 코로나 전과 이후 세상이 달라졌으므로 보유 종목을 바꾸는 것은 버핏이 아니더라도 옳은 결정이라고 할 수 있다.

한편으로 버핏은 일본의 상사주를 1년 전부터 비밀리에 매수해왔다. 이것은 코로나의 영향을 받은 포트폴리오 전환과는 다른 건으로 봐야 한다.

버핏은 먼저 7월, '미국 대형 에너지기업인 도미니언 에너지(Dominion Energy)로부터 천연가스 사업 부문을 97억 달러(57억 달러 부채 포함)에 인수했다'고 밝혔다. 또 버핏이 캐나다의 세계 최대 광업회사 배릭골드(Barrick Gold)의 주식 2,090만 주(약 US 30.13)를 매입했다 '금 투자를 꺼리던 버핏이 마침내 인플레이션시대 도래를 내다보고 금광 주식투자를 시작했다'고 치켜세우는 의견도 나왔지만, 투자액은 600억 엔(약 7,500억)에 지나지 않는다. 도미니언 에너지에 투자한 자금(약 1조 엔)과는 상당한 차이가 난다. 버핏이 도미니언 에너지에 투자한 것과 금광주에 투자한 것은 중요도가 다르다고 느낀다. 한편으로 1년에 걸쳐 차분히 일본 5개 상사에 총 6,700억 엔을 투자한 것을 보면 그가 무엇을 중요시하는 지 알 수 있다. 잘 살펴보면 도미니언 에너지에 대한 투자와 일본의 5개 상사에 대한 투자는 한 가닥의 실로 연결되어 있으며 버핏은 아마도 '가까운 미래에 반드시 일어나리라고 생각되는 세상'을 유추할 수 있다.

참담한 양상의 에너지 기업

버핏이 예측하는 미래를 보기 전에 최근 세계의 자원 개발과 관련 기업을 둘러싼 상황을 돌아보자. 2020년, 코로나 확산으로 세계경제 활동이 정지되면서 많은 기업과 산업이 어려운 상황에 놓였다. 특히 항공업계와 여행업계는 막다른 골목에 몰렸다. 코로나로 인해 사람들이 이동하지 못하다 보니 비행기가 뜨지 않았고 항공사는 대적자를 기록했다. 또 비행기가 뜨지 않거나 경제활동 전반이 중단되면 에너지를 소비하는 일도 없으므로 당연히 원유와 가스 가격이 폭락하고 에너지 기업들이 피해를 볼 수밖에 없다. 일본의 5대 무역회사가 모두 급격한 이익감소와 적자에 내몰렸다. 이런 자원을 다루는 기업들은 예외 없이 전 세계적으로 철저히 팔려나갔다. 물론 결산은 큰 적자인 상태였다.

일례로 이전에는 '세븐시스터즈'로 알려진 세계 주요 석유회사 중

하나인 영국의 BP(구 브리티시페트롤리엄)는 개발한 석유권 가격이 급락하면서 총 130억~170억 달러(2조 엔=21조 원) 규모의 손실을 감당해야 한다는 소문이 돌았다. 결국 2020년 2분기 결산에서 175억 달러라는 큰 적자를 냈다.

그런데 유럽 여론은 이런 상태가 되어도 에너지 기업을 동정하지 않았다. 유럽은 세계에서도 특히 환경 문제에 대단히 적극적이다. 지구온난화가 진행되면서 일본에서도 매년 이상기후가 발생하고 있다. 지진이나 해일, 매년 심해지는 태풍과 호우 등 세계를 바라보면 어디나 마찬가지다. 이 상황에 대해 유럽에서는 '어떻게든 환경을 보호하겠다'는 강한 의지를 갖고 유럽이 주도하여 '파리협정'을 체결했다. 대다수 국가가 이에 동의했다. 환경 붐이 거세게 일고 있는 유럽에서 화석 연료 회사들은 미운 오리 새끼였다. 이산화탄소를 많이 배출하거나 개발하는 기업은 외면당했다. 대표적인 기업이 석유회사다. 원유를 파면 이산화탄소가 많이 배출되고 석유를 사용해도 그렇다. 실제로 원유 산업은 지구를 파괴하는 산업으로 향후 엄격하게 규제되어야 할 대상이라고 보는 것이다.

미운 오리 새끼인 BP가 석유권으로 큰 적자를 내자 유럽 여론은 '이것 봐라!', '그런 산업을 계속하기 때문이야!'라는 분위기 일색이었다. 이 '이산화탄소를 배출하는 기업의 발전과 존속은 용인할 수 없다'는 분위기 속에서 여론과 유럽 정부들의 의지도 한몫해서 석유회사들은 역풍을 맞아야 했다.

ESG 투자와 투자 철수

이밖에 세계 금융을 총괄하는 국제금융기구(IFA)는 성명을 내고 '세계 기후변화 문제를 고려해 신규 화석 프로젝트에 대출해 주지 않을 것'이라고 밝혔다. 한마디로 '석유개발은 지구를 파괴하는 터무니없는 행위이며 은행업계가 그런 분야에 재원을 마련해 줄 수는 없다'는 것이다.

이뿐만이 아니다. '이산화탄소를 배출하는 기업으로부터 자본을 회피'하려는 강제적 움직임이 나타났다. 최근 우리는 'ESG 투자'라는 말을 자주 듣는다. 이것은

E : 환경보호(Environment)

S : 사회공헌(Social)

G : 지배구조(Governance)

위 세 가지 관점에서 투자대상을 선정하고 투자하는 것이다. ESG 투자는 현재 전 세계 기관투자자와 연기금, 투자신탁 등 자산운용 기법의 기본이 되었다. 그런 의미에서 석유·석탄 기업과 같이 '환경을 파괴하는 기업에 대한 투자 철회'가 증가했다. 이러한 투자 철수를 '다이베스트먼트(Divestment)'라고 하며 이 흐름도 세계의 압도적인 흐름이 되었다. 다이베스트먼트라는 동향은 앞으로도 가속화될 것이다.

예를 들어 2014년 9월, 다이베스트먼트로 인한 투자 철수는 약

5조 3,000억 엔이었지만 2018년 9월에는 불과 4년 만에 약 641조 엔으로 120배가량 증가했다. 석유회사 등 환경을 파괴하는 기업은 절대 용납할 수 없다는 여론과 이를 실현하기 위한 자금 흐름이 강화된 것이다.

이들 석유회사가 코로나 확산으로 막대한 손실을 봤지만 유럽에서는 싸늘한 시선으로 바라볼 뿐이었다. 결과적으로 석유회사는 이러한 격렬한 비난에 등을 떠밀리는 형태로 변혁을 꾀할 수밖에 없었다.

버니드 루니 BP 최고경영자(CEO)는 기조연설에서 '세계가 에너지 기업이 변하기를 기대하는 이상 우리도 다른 것을 제공해야 한다'는 포부를 밝혔다. 2030년까지 신재생에너지 발전소를 중심으로 한 저탄소 관련 사업에 현재의 10배 규모인 약 5억 달러(약 5,300억 엔)를 투자하고 석유와 천연가스 생산량을 2019년보다 40% 감축하겠다고 약속했다.

'세븐시스터즈(Seven Sisters)'의 전 멤버인 영국의 셸(舊 로열더치셸)도 마찬가지다. 2021년 2월, 볼든 CEO는 '기후변화 논의 속에서 사회의 기대가 바뀌었다. 셸은 자신의 야심 찬 목표를 향해 더 나아가야 한다.

따라서 2050년까지 이산화탄소 배출량을 0으로 감축할 것을 목표로 한다'고 했다. 이것은 셸이 석유를 더 이상 캐지 않는다는 것을 의미한다. 셸은 7월에 네덜란드에 대형의 해상 풍력 발전소를 건설하는 계약을 따냈다. 그리고 2021년 결정한 멕시코만 원유 굴착 대형 투자를 무기한 연기한다고 발표했다. 이렇게 해서 셸은 2021년 5,000억 엔이 넘는 설비투자 계획을 압축하게 된 것이다.

셸과 BP는 모두 세계를 대표하는 자원 기업이며 100년을 넘는 역사를 지닌 기업이다. 이들 석유회사는 막대한 적자로 인해 근본적인 사업 변화를 강요당하고 있다.

이처럼 파리협정의 본고장인 유럽에서는 석유회사들이 눈엣가시로 취급받으며 속속 원유 굴착사업에서 철수하고 있다.

미국 기업이 맞는 역풍은 유럽보다 다소 강도가 약하지만 엄격한 잣대로 평가받는 것은 똑같다. 미국을 대표하는 기업 엑손모빌은 10년 전 세계 주식시장에서 최고의 시가총액을 자랑하는 기업이었다. 그러나 이 회사도 이번 코로나 확산세를 이기지 못하고 석유권을 감손 처리할 수밖에 없었다.

게다가 주가 하락으로 인해 다우존스 편입 종목에서 제외되었다. 10년 전에는 세계 제일이었던 기업이 세상으로부터 버림받고 다우존스에서도 밀려나는 수모를 겪은 것이다.

세계 유수의 석유산업이 지금은 극심한 어려움과 생존의 위기에 처해 있다. 왜 세계적으로 유명한 석유회사들이 심각한 곤경에 처했을까? 그것은 석유회사들이 미래의 석유 고갈과 신재생에너지 시대가 올 것이라는 예측에서 석유와 신재생에너지, 양쪽에 막대한 투자를 이어왔기 때문이다.

말하자면 '과도한 투자'다. 2019년 단계에서 BP, 셸, 엑손모빌 등 세계 5대 석유회사가 장악한 석유권은 사상 최고치를 기록했다. 그런데 코로나라는 파도가 덮쳐 단번에 붕괴 상태가 되었다. 이런 상황에서는 더 이상 새로운 석유를 캐낼 방법이 없다. 국제에너지기구(IEA)는 2020년 5월, '석유·가스기업의 업스트림(석유화학 분야에서 원유 탐사와 생산을 하는 단계까지를 말함) 부문에 대한 총투자액은 전년 대비 32% 감소한 약 35조 엔이 될 것'이라고 발표했다. 이는 지난 10년간 가장 큰 감소폭이다. 원유를 시추할 상황이 아니라는 뜻이다.

하지만 이렇게 하면 전 세계의 에너지 수요를 감당할 수 있을까? 원유와 천연가스, 구리, 알루미늄, 니켈 등 원유와 광산개발은 쉽게 해결될 수 있는 문제가 아니다.

예를 들어 석유개발과 천연가스는 개발을 결정한 뒤 조사와 시추 장비 원반, 시추한 자원을 운송할 도로 등 인프라를 정비해야 하고 실제로 공사를 시작하기까지 몇 년은 족히 걸린다. 자원개발은 일반적으로 개발하기로 결정하고 생산을 개시하기까지 4~5년, 길면 10년도 걸릴 수 있다.

따라서 일단 원유와 가스, 동, 알루미늄 등 광산에 대한 투자를 중단하면 이번에는 아무리 그 자원이 필요해도 몇 년간은 입수할 수 없는 상태가 될 것이다. 결과적으로 자원 가격은 로켓처럼 급등할 것이다. 그것이 자원개발의 역사다.

이행기에 급부상하는 천연가스

참고로 2002년에 10달러대였던 원유가격은 2008년 리먼브라더스 사태 전에는 149달러까지 폭등했다. 마찬가지로 2002년 2달러였던 천연가스 가격은 2006년에는 15달러까지 뛰어올랐다. 지금과 같이 원유 시추를 비롯한 자원개발을 거의 100% 정지하면 앞으로 세계 경기가 회복될 무렵 석유와 천연가스 가격은 엄청나게 오를 가능성이 크다.

중국과 인도는 앞으로 무슨 일이 있어도 발전할 테니 결국 에너지 상황이 빠듯해질 것이다. 그런데 지금 세계는 '환경, 환경'만 외치며 자원개발을 용납하지 않는다.

그래서 등장한 것이 '클린에너지'로 불리는 천연가스다. 천연가스는 화석 연료이긴 하지만 이산화탄소 배출량이 석탄보다 40%나 적다. 에너지혁명의 와중에 즉시 모든 에너지를 석유와 석탄에서 풍력과 태양광으로 바꾸기는 불가능하다. 아무리 노력해도 '이행 기간'이 필요하다.

그래서 틀림없이 화석 연료 중에서도 가장 깨끗한 에너지로 꼽히는 천연가스가 각광받을 것이다.

에너지 문제를 놓고 석유학자로 저명한 다니엘 야긴 박사는 '에너지의 80%를 화석 연료에 의존하는 세계경제가 다른 에너지로 전환하기란 결코 쉬운 일이 아니다'라고 밝혔다. 생각해보면 알 수 있다. 일본의 에너지 수요를 풍력이나 태양광만으로 대응할 수 있을까? 불가능하다! 그래서 천연가스가 필요한 것이다!

현재 화석에너지의 상황을 보면 환경 문제가 있으므로 석탄은 현저하게 감소하고 석유도 감소, 천연가스만이 증가하는 상태다. 천연가스 재고는 눈에 띄게 빡빡해지고 있다. 그때 세계에서 가장 강한 것이 일본 기업이다. 세계에서 가장 천연가스를 많이 수입(액화천연가스인 LNG 수입)하는 나라가 일본이기 때문이다. 일본 상사는 천연가스 취급량이 규모에 비해 대단히 많은 편이다. 현재 세계의 LNG(액화천연가스) 취급량을 보면 1위인 셸이 4천만 톤, 다음으로 엑손모빌이 2천만 톤, BP가 1천800만 톤으로 주요 자원 기업의 이름이 등장한다.

그리고 미쓰비시상사, 미쓰이물산이 1천400만 톤으로 그 뒤를 잇고 있다.

버핏은 이런 미래를 내다보고 일본 상사에 투자했을 것이다. 그는 미국 도미니언 에너지의 천연가스 권익을 매수한 것이다. 다행히 일본의 5개 상사는 재무 상태도 좋으며 배당도 많이 준다. 미쓰비시상사와 스미토모상사의 배당률은 5% 이상이다. 미쓰이물산도 4%를 넘는 배당률이다.

버핏처럼 장기적으로 차분히 투자하여 매년 고배당을 받으면서 '대폭등할 날'을 기다리는 전략은 어떨까? 일부러 일본주에 투자한 버핏의 혜안에서 우리는 여러 가지를 배울 수 있다.

2021년 초의 LNG 폭등

앞서 천연가스 수요가 폭발적으로 확대하는 것은 필연이라고 했는데, 2021년 초부터 그 경향이 보이기 시작했다. 특히 아시아 지역에서 LNG 가격이 폭등했다. 요즘은 시기와 상관없이 이상기후가 발생하지만 겨울, 여름, 태풍, 허리케인 등 계절적 변화와 일본의 장마철 등 환절기에 특히 맹위를 떨친다.

2021년 초에는 이례적인 한파가 세계를 강타했다. 미국에서는 텍사스가 극심한 한파에 시달렸다. 월내 텍사스는 겨울에도 히터가 필요 없을 정도로 따뜻한 편인데 2021년에는 연일 눈보라가 몰아쳐 700만 가구가 며칠째 전기와 수도가 없는 상태가 될 만큼 비정상적인 한파가 찾아왔다. 100명 이상이 목숨을 잃었다. 바이든 대통령은 비상사태를 선포했다.

더욱이 이 지역은 산업계도 엄청난 손실을 봤다. 텍사스는 세계적인 반도체 기업들이 공장을 보유하고 있기 때문이다. 삼성전자, NXP반도체, 인피니온 테크놀로지스(Infineon Technologies) 등 현지 공장들이 문을 닫아야 했다. 결과적으로 미국 반도체 공급에 큰 타격을 주었다.

또 같은 시기 아시아 전역에 심각한 한파가 발생했다. 이 때문에 동남아시아, 중국, 한국, 일본은 극심한 전력 부족에 직면했고 각국이 경쟁적으로 천연가스를 조달하려고 애썼다. 그 결과 아시아의 천연가스 현물 가격이 급등했다. 2020년, 2달러였던 천연가스 현물 가격이 2021년 초에는 8.5달러까지 치솟았다. 일본에서도 일부 지역에선 에너지 부족으로 전력을 공급하지 못했다.

그 결과 일부 지역의 전기요금은 킬로와트당 5~10엔 정도였던 것이 200엔이 넘는 등 비정상적으로 변했다. 갑작스러운 에너지와 전력 부족이 대혼란을 일으킨 것이다.

현재 탄소중립이라는 국제적 추세에서 화석 연료는 더 이상 개발하기 어려워졌다. 그러나 태양광과 풍력 발전은 자연의 상태에 따라 영향을 받기 때문에 수요량에 맞게 출력을 조정할 수 없다. 말하자면 필요할 때 전력을 만들고, 필요하지 않을 때 전력을 만들지 않을 수가 없는 것이다. 그래서 2021년 초처럼 갑자기 한파가 몰아쳐 예상보다 많은 전기가 필요할 때는 화력발전을 통해 출력을 조정할 수밖에 없다. 그런 경우 화력에 크게 의존할 수밖에 없다. 따라서 화력 에너지의 원천인 천연가스와 석탄이 반드시 필요하다.

다만 천연가스든 석탄이든 항상 재고가 충분한 것은 아니다. 2021년 초에는 이러한 에너지가 제대로 조달되지 않아 각종 제품 가격이 급등했다.

원래는 이런 여러 각도의 현실을 파악하고 기본적인 에너지 정책을 펴야 하지만, 현실에서는 '이산화탄소를 대폭 줄이겠다'는 국제 공약 아래, 일본은 목표를 달성하는 데 급급할 수밖에 없다. 결국 현실을 외면하는 탁상공론적 계획만 줄지어 나와 있다.

태양광이 최저치로 떨어졌다?

2021년 8월 3일, 일본 경제산업성은 2030년 기준 원자력, 신재생 에너지 등 발전원별 발전원가 추정치를 발표했다. 놀랍게도 태양광에 의한 발전이 가장 저렴하다는 추정 결과가 나왔다. 경제산업성에 따르면 2015년 천연가스 화력은 13.4엔, 석탄 화력은 12.9엔, 대규모 태양광 발전은 12.7~15.6엔으로 추산되었다. 그런데 2030년에는 천연가스 화력이 10.7~14.3엔, 석탄 화력이 13.6~22.4엔인데 비해 대규모 태양광 발전은 8.2~11.8엔이 된다는 것이다.

태양광은 전 세계적으로 보급될 것이므로 태양광 패널 및 부속품은 점점 저렴해진다고 예상했다. 사실 앞서 지적했듯이 태양광의 발전량은 날씨에 좌우되기 때문에 발전량 변동에 대비하려면 예비전력이 필요하지만 이 비용은 가산되지 않았다. 게다가 최근 태양광 패널을 만드는 데 필요한 구리 가격이 급등했다.

이밖에 태양광 패널은 대부분 중국에서 수입되는데 미국은 위구르 강제노동이 수반된다는 이유로 수입 금지 조치를 발표했다. 정말로 경제산업성이 추산한 것처럼 태양광 발전은 더 저렴해질까? 고개를 갸웃할 수밖에 없다.

정부는 2013년 대비 이산화탄소 배출량을 국제 공약으로 46% 줄이겠다는 목표를 세웠다. 정부는 국제사회와의 관계 때문에 이 목표를 달성해야 한다. 이산화탄소 감축 목표를 일단 최종적으로 정해두고 그로부터 역산하여 계획을 세울 수밖에 없으니 당연히 무리한 계획을 세우게 된다. 이런 계산은 실현 가능성을 따져보지 않고 태양광은 반드시 보급될 것이라는 '결론을 미리 내고' 치밀하게 조사하지 않은 '허상'으로 보인다.

매년 심해지는 폭염, 한파, 집중호우, 슈퍼 태풍 그리고 언제 일어날지 모르는 도쿄와 도카이 일대를 덮칠 지진의 가능성 등 우리 주위 환경은 일촉즉발의 상황으로 치닫고 있다는 것에 많은 사람이 공감하고 있다. 그런 우려는 일리가 있지만 현실을 들여다보면 세상이 움직이는 것을 쉽게 막을 수 없다. 우선 현실을 직시해 세계의 탈탄소 실태와 파리협정의 진전 상황을 차분하고 꼼꼼하게 살펴보는 것이 중요하다. 하지만 현실을 알면 알수록 전율이 느끼게 된다.

이러한 객관적인 사실들을 지적하면 현재의 지구온난화 상황을 심각하게 받아들이지 않는다고 비판받을 수도 있다. 현재 지구촌 상황은 매우 심각한 국면이며 이상기후는 해마다 악화하고 있다. 전 세계에서 힘을 합쳐 조속히 대처하지 않으면 인류의 생존과 관련된 중대한 사태가 일어날 수 있다는 우려는 타당하다.

이 그래프는 전 세계 연간 이산화탄소 배출량을 보여준다. 보다시피 전 세계의 이산화탄소 배출량은 지난 10년간 거의 줄어들지 않았다. 이렇게 세계가 목소리를 높이고 있는데도 이 그래프를 보면 오히려 연간 배출량이 증가하고 있다.

국가 · 지역별 이산화탄소 배출량의 비율

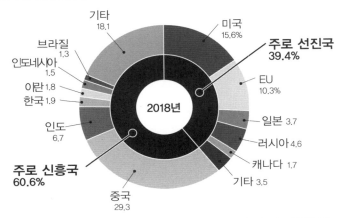

기타 18.1
브라질 1.3
인도네시아 1.5
이란 1.8
한국 1.9
인도 6.7
주로 신흥국 60.6%
중국 29.3

2018년

미국 15.6%
주로 선진국 39.4%
EU 10.3%
일본 3.7
러시아 4.6
캐나다 1.7
기타 3.5

출처 : 닛케이비즈니스 2021년 3월 5일

연간 이산화탄소 배출량

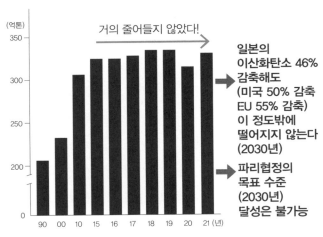

(억톤)

거의 줄어들지 않았다!

일본의 이산화탄소 46% 감축해도 (미국 50% 감축 EU 55% 감축) 이 정도밖에 떨어지지 않는다 (2030년)

파리협정의 목표 수준 (2030년) 달성은 불가능

90 00 10 15 16 17 18 19 20 21 (년)

출처 : 닛케이신문 2021년 4월 21일

이산화탄소 문제를 다루기 시작한 것은 1990년대 후반부터이며 1997년, 일본의 교토에서 처음으로 지구온난화에 관한 첫 회의를 열었다. 이때 '교토의정서'가 채택되었고 선진국들은 이산화탄소 배출량을 억제하거나 줄이기로 합의했다. 그런데 2000년 이후 연간 배출량의 극적인 확대 추세를 보자. 그 합의가 아무런 성과를 내지 못하고 있는 것을 한눈에 알 수 있다. 선진국을 중심으로 탄소배출량 감축에 대한 의식은 있지만 정작 배출량은 줄지 않았다. 오히려 금세기초부터 탄소배출량은 증가하고 있다.

2015년 2월 2일, 파리협정이 채택되었다. 파리협정에 따라 '평균 기온 상승을 산업혁명 이전과 비교해 2℃보다 훨씬 아래로 유지하고 1.5℃로 억제하기 위해 노력한다'고 결정했다. 그리고 '이를 위해 2030년까지 세계 전체의 온실가스 배출량을 2010년 대비 45% 삭감, 2050년까지 0으로 줄여야 한다'고 강조했다. 이렇게 세계 여러 나라가 모여 채택할 수 있었던 것은 '획기적인 일'로써 높이 평가되었다.

그러나 파리협정에서는 각국이 감축 목표를 내걸긴 했지만 강제력은 없었다. 다만 세계가 위기의식을 공유했다는 점은 평가할 만하다. 단지 파리협정이 채택된 2015년 이후 탄소배출량은 거의 줄지 않았다. 2020년에만 배출량이 줄었는데, 이는 코로나 확산으로 각국의 경제활동이 강제적으로 줄어들었기 때문이다. 경제활동이 전 세계적으로 위축된 결과, 2020년 배출량은 전년 대비 5.8% 감소한 것으로 나타났다.

2020년의 세계경제 성장률은 마이너스 4%였다. 그러나 2021년 세계경제는 코로나에서 벗어나기 시작하면서 6% 성장할 것으로 예상된다. 이 경우 탄소배출량은 2020년보다 4.8% 증가할 것으로 추산된다. 결국 1년 뒤에는 배출량이 2019년과 같은 수준으로 돌아온다는 말이다. 전 세계에서 연일 지구온난화 위기를 심각하게 논하지만 이 그래프에서 보듯 배출량을 줄이는 것은 '지극히 어려운 일'이다.

국제에너지기구 IEA에 의한 탈탄소 공정표

'화석 연료에 대한 투자를 즉각 중단하겠다'는 IEA의 발표가 나자 나는 가슴이 철렁 내려앉았다. 당장 화석 연료에 대한 투자를 중단하라는 뜻이다. IEA는 1974년 석유파동 때 전 세계 에너지의 안정적인 공급을 목표로 설립된 기관이다. 지금까지 IEA는 주로 화석 연료 개발을 장려해왔다.

그러다가 180도 방침을 바꿔 갑자기 화석 연료 개발을 중단하고 재생에너지만 개발하라는 것이다. 지구온난화의 진행에 대해 남다른 위기감을 느끼고 있다고 할 수 있지만, 갑작스러운 정책 진행에 당황스러워하는 곳도 많을 것이다.

아무튼 IEA는 풍력과 태양광 개발에 박차를 가하고 20년 뒤에는 석유·석탄·화력발전소를 폐지하고, 8년 뒤에는 신재생에너지 비율을 70%까지 끌어올릴 계획이다.

이를 위해 IEA는 향후 10년간 전 세계적으로 연간 500조 엔의 풍력 및 태양광 발전에 투자할 것을 제안했다. 이 수치를 감안하면 일본에서는 연간 50조 엔을 투자해야 한다. 일본의 세수는 60조 엔을 조금 넘는다. IEA의 요구는 거의 모든 세수를 신재생에너지에 투입하라는 것이다.

아마 IEA도 무리한 요구임을 알면서 제안하는 것일 것이다. 그만큼 투자하지 않으면 파리협정의 목표를 달성할 수 없고, 그만큼 하지 않으면 앞으로 지구의 기후변화가 손쓸 수 없을 지경이 될 것이라는 경고일 수 있다.

2021년 4월 22일 미국 정부가 주최한 기후정상회의에서 일본은 2030년까지 2013년 대비 46%를 감축하겠다고 발표했다. 미국은 또한 2030년까지 2005년 대비 50~52%를 줄일 것이라고 발표했다. EU는 마찬가지로 2030년까지 1990년 대비 55%를 감축하겠다고 발표했다. 이 감축 목표의 출발점이 일본은 2013년, 미국은 2005년, EU는 1990년으로 제각각인 점이 흥미롭지만 이것이 실은 중요한 점이다. 각국의 탄소배출량이 최고점인 시점을 기준으로 잡고 그로부터 최대한 몇 %까지 감축한다는 식으로 감축률을 경쟁적으로 발표한 것이다. 감축률이 클수록 '우리는 이렇게 혁신적으로 감축했다'고 외부에 발표할 수 있기 때문이다.

석탄 화력의 신규 가동 및 폐지가 많은 국가

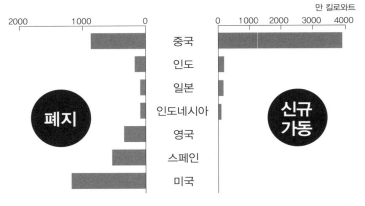

출처 : 글로벌에너지모니터(Global Energy Monitor)

이렇게 해서 미국과 EU, 일본은 출발점은 다르지만 과거의 방식에서 2030년까지 극적으로 변화해나간다. 또한 2050년의 온실가스 배출 제로를 향해 사력을 다하겠다는 태도를 보였다. 그리고 IEA에 따르면 각국은 이 공정표대로 실행하면 (실상은 어려움, 특히 일본은 거의 불가능에 가깝다) 마침내 2050년에는 현재보다 석탄 수요는 90%, 석유 수요는 75%, 천연가스 수요는 55% 감소하게 된다. '그렇다면 0은 아니지 않은가'라고 생각할 수도 있지만 지금도 삼림이 일정량의 이산화탄소를 흡수하고 있다. 또 이산화탄소를 지하에 묻는 기술도 있으므로 계산해보면 탄소배출을 0으로 만들 수 있다는 논리다. 이렇게 공정표는 일단 완성되었다.

2030년 일본의 배출량은 영국과 프랑스의 실적보다 많다

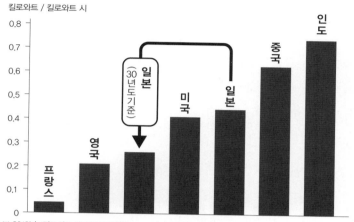

킬로와트 / 킬로와트 시

㈜ 2018년 1킬로와트시당 탄소배출량. IEA, 전기사업연합회의 자료를 근거로 시산함.

출처 : 닛케이신문 2021년 7월 22일

　하지만 많은 전문가와 국가는 일단 표를 만들기는 했지만 내심 '이건 불가능'하다고 생각하고 있다. 또 중동지역과 러시아 등 자원 국가에서는 이런 일이 현실로 일어나면 자신들은 자원 수출로 먹고사는 것이니 '불리한 미래'가 찾아오는 셈이다. 석탄, 석유, 천연가스업계에 종사해서 생계를 꾸리는 사람과 기업에는 대단히 중대한 일이다. 우리 모두 국가와 인종, 민족의 차이를 넘어 일치단결해 지구온난화에 대응하지 않으면 '인류의 생존 자체가 위태롭다'는 인식은 이미 모르는 이가 없을 것이다.

　이같이 IEA의 공정표는 실제로 실현 가능한지 의문투성이이고 당면한 일본의 현실을 생각하면 어떻게 될지 도무지 알 수 없는 느낌이다.

그리고 일본이 국제적으로 약속한 2030년까지 2013년 대비 49% 감축이라는 꿈같은 이야기가 실현될 수 있을지 의구심이 든다. 또 현실적으로는 도저히 실현될 것 같지 않은 46% 감축이라는 달성 불가능해 보이는 수치를 어떤 기적이 일어나 달성할 수 있었다고 가정해보자. 그리고 미국도 2005년 대비 30%, 마찬가지로 EU도 1990년 대비 55%라는 꿈같은 목표를 달성했다고 하자. 이러한 기적이 일어난다 해도 그래프를 보면 2030년에는 이산화탄소 배출량을 300억 톤까지밖에 줄이지 못한다. IEA의 목표는 2030년 연간 200억 톤 배출이다. 아직도 100억 톤이나 부족하다. 이렇게 꿈같은 이야기를 실현한다고 해도 최종 목표치를 도저히 따라잡을 수 없는 것이 현실이다!

IEA의 주장처럼 향후 석탄과 석유 수요가 거의 사라지는 세상이 온다면 앞으로 이들 석탄과 석유산업은 사라질 것이라는 전망에 따라 산업이 급격히 위축될 것으로 본다. 그렇게 되면 앞으로 미래를 내다본 지금도 자연스레 석탄 가격과 석유 가격이 떨어지고, 또 마찬가지로 화석 연료인 천연가스 가격도 크게 내릴 것 같은 생각이 든다.

하지만 실제로는 정반대의 일이 벌어졌다. 현재 세계에서 눈에 띄는 것은 석탄, 석유, 천연가스 가격의 급등이다. 사용하지 말아야 하고 사라져야 할 화석 연료 가격이 치솟는 이유는 무엇일까? 그리고 문제는 석탄, 석유, 천연가스 가격이 천정부지로 치솟을 가능성마저 있다는 점이다. 전 세계가 신재생에너지로의 대전환을 향해 일치단결해 행동해야 할 판인데 정작 석탄, 석유, 천연가스 쟁탈전을 벌이며 가격 상승을 막지 못하는 이 '불편한 진실'을 살펴보자.

미국 셰일가스의 귀추

셰일가스 혁명은 2010년에 시작되었다. 미국에서 획기적인 원유 채굴기법이 개발되어 불가능하다고 여겨졌던 원유와 가스의 셰일층에서 채굴할 수 있게 되었다. 미국의 경우 셰일층이 거의 전역에 퍼져 100년분이 넘는 매장량이라고 전망되었다. 미국은 원유 수입국이었지만 셰일가스 혁명으로 순식간에 세계 최대 산유국이 되었다. 이런 현실이 세계 에너지 상황을 바꿔버렸다. 미국은 원유를 확보하기 위해 중동에 깊숙이 관여해 왔다. 미국은 사우디아라비아를 비롯해 다른 중동 산유국들과 끈끈한 유대 관계를 유지해왔다. 미국은 중동 안정화를 위해 관여했다. 그런데 이제 자체적으로 원유를 확보할 수 있게 됐으니 이제까지처럼 중동에 깊숙이 개입할 필요가 없다. 그리고 미국이 석유를 생산할 수 있게 되면서 전세계 유가 관련 상황이 바뀌었다. 그동안 원유시장을 좌우하는 결정권은 OPEC(석유수출국기구)를 비롯한 산유국이 쥐고 있었지만 미국이 세계 최대 산유국이 되자 미국의 셰일 산업은 유가가 떨어지면 개발을 중단하고 유가가 오르면 개발을 재개하면 되었다. 이렇게 해서 가격에 맞게 개발하게 되었다. 따라서 미국 셰일 산업은 전 세계 원유시장의 플레이어가 되었고 가격 통제자가 되었다. 자연스럽게 기존에 가격 지배력을 갖고 있던 OPEC의 힘이 약해졌다. 그리고 2020년에 코로나가 전 세계에 확산되면서 유가는 한때 우리가 상상하지 못한 마이너스 가격, 보유 비용만 드는 비정상적인 사태가 벌어지는 극단적인 일도 일어난 것이다.

그런데 최근 원유를 둘러싼 상황이 다시 달라졌다. 특히 미국에서는 백신 접종이 진행되면서 신규 코로나 감염자 수가 급감했다. 행동 제한이 크게 완화되고 사람들의 왕래가 활발해진 것이다. 그 결과 휘발유 수요가 급격히 증가했다. 미국 에너지 정보국(EIA)에 따르면 7월 2일 시점 미국의 휘발유 수요는 하루 1,004만 배럴에 달했다고 한다. 미국 내 휘발유 수요가 하루 1,000만 배럴을 넘어선 것은 처음이다.

종전 같으면 미국의 셰일 기업들은 유가가 상승하면 생산 확대를 위해 적극적으로 투자했다. 그런데 지금 셰일 기업들의 움직임은 둔하다고 할까, 적극적인 투자를 하지 않는다. 미국의 셰일 기업은 세계 원유 공급의 약 10%를 생산했다. 2021년 7월의 WTI 유가는 일시적으로 77달러를 넘어섰다. 이 정도라면 적극적인 투자를 할 수 있는 여건이 조성되어야 한다. 그런데 7월 16일 기준 미국 세일업계의 전체 시추 가동수는 484기뿐이며, 2년 전 2019년에 비해 30%나 줄어든 상태다. 이것이야말로 큰 문제이지만 세일 기업은 개발 의욕을 잃어가고 있다.

이는 탄소중립이라는 세계적 흐름 때문이며 '개발은 나쁘다'는 여론과 재정(財政)이 어려워진 점, 나아가 트럼프 행정부 이후 달라진 바이든 행정부의 정책도 영향을 미치기 시작했기 때문이다.

바이든 행정부는 오바마 행정부 때처럼 각종 개발 규제를 재개했고 이로 인해 세일 기업들의 개발비가 크게 증가했다. 게다가 2020년의 주가 폭락과 최근 원유 관련 기업에 대한 강한 비판으로 기업들이 쉽게 개발을 시작할 수 없어졌다. 게다가 주주들의 주주 환원 요구가 잇달았다. 이렇게 해서 미국 세일 기업들은 이전처럼 적극적인 투자를 하지 않게 되었고 그 결과 미국의 원유 사정은 물론 세계 원유 사정까지 달라졌다.

이것은 OPEC과 러시아에 좋은 소식이다. 미국 세일 산업이 활발하지 않기 때문에 OPEC과 러시아는 다시 원유시장에 큰 영향력을 발휘할 수 있게 된 것이다. 이번에 IEA는 원유 등 화석 연료 개발을 즉각 중단하라고 경고했다. 그 지적대로 원유 수요가 대폭 줄면 좋겠지만 실제로는 원유나 석탄, 천연가스를 이용한 화석 연료를 태양광이나 풍력 발전으로 대체하지 못하고 있다. 그 결과 일본, 미국, 유럽 등 선진국만 화석 연료 개발을 극도로 줄임으로써 전 세계에 공급 부족이 극심하게 나타났다. 이런 현실을 보면서 OPEC과 러시아는 흐뭇한 미소를 짓고 있다. OPEC의 우두머리인 사우디아라비아의 압둘 아지즈 석유장관은 IEA의 경고를 듣고 '영화 라라랜드의 속편일 것이다'라고 비유했다.

당장 원유 개발을 중단하라는 경고는 현실을 모르는 꿈같은 이야기라며 '라라랜드'와 같은 동화라고 비웃는 것이다. 노박 러시아 부총리는 만약 원유에 대한 신규 투자를 중단한다면 가격이 200달러를 넘을 것이라고 밝혔다.

전 세계에서 개발을 전면 중단한다면 이런 일들이 일어날 수 있다. 하지만 화석 연료 없이는 세상이 돌아가지 않기 때문에 현실을 무시하고 신재생에너지 개발에만 나선다면 머지않아 에너지 부족을 간과할 수 없는 지경에 이를 것이다. 결과적으로 유가는 폭등할 수 있다.

실제로 IEA는 세계 원유 수요가 2021년에는 하루 9,670만 배럴, 2026년에는 하루 1억 410만 배럴에 이를 것으로 추산한다. 신재생에너지 전환은 진행되겠지만 원유 수요가 줄어드는 수준을 완전히 메워주지는 못할 것이다. 이런 수요 추정에도 불구하고 IEA가 개발 중단을 고집하는 것은 모순이지만, IEA는 현실을 직시하는 동시에 탈탄소가 얼마나 어려운 일인지 강조하고 싶어 한다. IEA의 보고서는 '탄소배출량을 줄이는 것이 정말로 가능한가?'라고 묻는 의미도 있을 것이다.

엑손모빌과 셸에 가하는 압박

2021년, 세계 최대 석유회사들에 대한 상상을 초월한 압박이 보도되어 정말 놀랐다. 엑손모빌과 로열더치셸의 이상한 경우를 살펴보자. 엑손모빌(ExxonMobil)이라고 하면 세계 최고의 석유회사다. 10년 전만 해도 세계 시가총액 1위인 세계 최대 기업이었다. 그런 엑손이 다우지수 편입 종목에서 편출되는 등 최근에는 굴욕적인 대우를 받는 느낌이다.

탄소를 배출하는 화석 연료를 개발하는 기업, 생산 과정에서 대량의 탄소를 배출하는 철강·화학산업, 타소를 길에 뿌리고 다니는 가솔린차는 이제 환경론자들의 표적이 되어 세계 환경을 파괴하는 원흉으로 찍혀 눈엣가시로 여겨지고 있다.

엑손모빌의 21년 주주총회 소식은 충격적이었다. 엑손은 이날 주주총회에 참석한 헤지펀드 엔진넘버원(Engine No.1)의 제안을 받아들였다. 엔진넘버원이 추천한 환경주의자 4명을 이사로 받아들이라는 제안이었다. 엔진넘버원이 보유한 엑손의 지분은 고작 0.8%였고 일반적으로 그 정도 비중이면 발언력이 없다. 더욱이 그 제안이 받아들여진다는 것은 있을 수 없는 일이다. 엑손은 쇠약해졌다고는 하지만 세계 최대의 석유회사다. 그런 엑손이 그렇게 약소한 헤지펀드의 제안을 받아들인다는 것은 있을 수 없는 일이었다. 그런데 주주총회에서 상당수 주주가 엔진넘버원의 제안에 찬성표를 던

졌다. 결과적으로 엑손은 그 제안을 받아들일 수밖에 없었다. 자본시장이 얼마나 환경 요소를 의식하고 있으며 압박이 얼마나 심한지를 보여준다. 글로벌 금융을 주름잡고 있는 블랙록 등 거대 펀드도 탄소중립을 밀고 나가기 위해 연계하는 체제로 바뀌었다. '투자기업의 온실가스 배출량을 2050년까지 0으로 줄이겠다'고 밝힌 운용사는 블랙록을 비롯해 전 세계 대형 87개 사에 달한다. 이들의 총 운용자산은 4,000조 엔에 이른다. 이것은 세계 투자 자금의 약 40%를 차지한다. 이런 추세가 가파르게 진행되면서 2020년 말부터 많은 자산 운용사가 적극적으로 동참해 이들의 수와 운용자산은 2020년 말의 약 4배나 늘었다.

일련의 흐름이 엑손 주주총회의 결말을 만들어냈을 것이다. 엑손의 2020년 재무보고서를 보면 224억 달러(약 2조 4,000억 엔)의 막대한 적자를 냈다. 이러면 보통은 배당금이 줄어든다. 하지만 놀랍게도 엑손은 배당금 삭감은커녕 연간 배당을 늘렸다.

이것은 주주를 달래고 주주들에게 보상을 주기 위해서다. 막대한 적자를 낸 상황에서 주주 배당을 늘렸으니 무엇인가는 줄여야 한다. 그것은 원유에 대한 투자다. 엑손은 유전개발 투자를 대폭 줄였다.

주주들이 엔진넘버원의 주장을 받아들였으니 나름의 명분도 있다. 엔진넘버원은 에너지원의 전환은 불가피하므로 엑손은 전략적인 카드를 갖고 있어야 한다고 주장했다. 이것은 신재생에너지의 새로운 기술을 조속히 개발하라는 것을 의미한다. 앞으로 석유 수요가 불확실하므로 비용이 많이 드는 유전개발은 주주에게 이익이 될 수 없다는 생각이다. 엑손의 주주들은 이런 주장에 공감했다. 이렇게 해서 엑손은 신재생에너지의 유력주자로 부활할 것이라고 기대되는 상황이지만 100년 이상 원유개발을 주력으로 세계 정상에 오른 기업이 전혀 다른 분야인 환경 분야의 기수로 세계에 이름을 날리는 기업으로써 다시 태어날 수 있을지는 사실 무척 의문스럽다. 하지만 금융권은 엑손이 원유 시추를 계속하는 것을 용인하지 않는 것이 현실이다.

이번에는 셸의 경우를 살펴보자. 이것도 놀랍다. 네덜란드 헤이그지방법원은 셸을 상대로 '2030년까지 온실가스를 2019년 대비 45% 감축하라는' 판결을 내렸다. 원래 셸은 같은 기간에 20%를 감축한다는 목표를 세웠었다. 하지만 법원이 목표 수치를 두 배 이상으로 높이지 않으면 위법이라고 판단했다. 이런 판결이 법원에서 나오다니 믿을 수 없다며 놀란 사람도 많을 것이다. 네덜란드는 원래 국토의 4분의 1이 해발 0미터인 지대로 가장 낮은 곳은 해발 마이너스 6.7미터인 곳도 있어서 바다 밑에 있는 나라라고도 불린다. 지구온난화로 북극과 남극의 빙하가 녹아 해발이 상승하면 국가의 생존이 위태로워질 것이라는 위기의식이 국민들 사이에 퍼진 듯하다. 마찬가지로 바닷속에 있는 해발 0지대에 있는 이탈리아의 베니스가 언제까지 존재할 수 있을지 화제가 된 무렵이었다. 네덜란드도 상당한 위기의식을 느꼈을 것이다. 이런 위기의식이 셸에 대해 강경한 판결을 끌어냈다. 이 부분에 대한 의식은 일본과 다소 온도 차가 나는데, 특히 유럽은 지구온난화에 대해 강한 위기감을 느낀다는 것을 알 수 있다.

이런 위기감 속에서 세계가 함께 탄소를 줄이기 위해 노력해야 하는 것은 이론의 여지가 없지만, 한편으로는 세계 전체를 볼 때 전혀 다른 현실도 존재한다. 애초 이런 온난화는 일본, 미국, 유럽을 중심으로 한 선진국이 발전하는 과정에서 엄청난 양의 탄소를 계속 배출하면서 발생했다. 세계에는 앞으로 발전하기를 원하는 신흥국들도 있다. 그들 또한 발전할 권리가 있는 셈이다. 선진국들이 제멋대로 탄소를 배출해 놓고는 그로 인한 뒷감당을 신흥국들이 지게 하듯이 신흥국에도 탄소배출량을 제한하는 것은 불합리하다는 논리다. 전 세계에는 아직도 전기도 이용하지 못하는 사람이 8억 명이나 있다. 다시 말해 그들에게 에너지원을 선택하라고 강요할 수는 없다.

우선 전기와 수도가 개통되어 제대로 된 생활을 하고 싶다는 것이 개발도상국 사람들의 바람이며 이것을 못하게 할 수는 없는 노릇이다. 선진국만의 논리로 무 자르듯이 자를 수 없는 어려운 부분이며 그런 일을 계속해 이산화탄소를 계속 배출하면 지구는 어떻게 되겠냐는 말도 일리가 있다. 이렇게 총론과 각론이 따로 노는 것이 실정이다.

한편 미국 리서치 업체 라이스태드 에너지(Rystad Energy)는 엑손 등 석유 메이저가 서구 사회의 압력으로 개발을 중단하는 것에 대해 경종을 울렸다. 라이스태드는 엑손모빌, BP 등 세계 6대 기업의 자원 매장량은 경계해야 할 수준이라며 '2020년 6개 사가 보유한 매장량은 15% 감소했고 이대로 메이저 기업이 새로운 유전개발을 하지 못할 경우 5년 안에 고갈될 것'이라고 보도했다.

이래서야 유가가 폭등하는 것은 당연한 일이다. 탈탄소를 서두르고 이산화탄소 배출을 중단한다는 목표에 대한 접근 방식과 현실이 전혀 일치하지 않는다. 이례적인 개발 중단이 반대로 원유가격과 석탄 가격, 천연가스 가격을 폭등시킬 수 있다는 현실이 다가오고 있다. 그야말로 이상과 현실의 괴리다. 이대로 가면 기후변화가 걷잡을 수 없는 상황으로 발전하고 그로 인해 더위와 추위가 전 세계적으로 견디기 힘든 상황이 될 것이다.

이에 따라 에어컨 등 에너지 사용량이 폭발적으로 증가하고 원유, 석탄, 천연가스, 심지어 태양광과 풍력 발전까지 모든 에너지 가격이 천정부지로 치솟을 가능성이 크다.

그야말로 이 모든 자원 가격이 '도미노 상승'을 할 것이 예상된다. 탄소중립을 추진하면 자원 가격이 폭등하면서 아무도 막을 수 없는 흐름이 생길 수도 있다.

다음으로 일본의 탈탄소에 관한 현실을 미국과 중국 등과 비교하면서 객관적 상황을 파악해보겠다. 그리고 중국의 문제, 나아가 석유를 대신해 주목받는 석탄 상황도 살펴본다.

일본의 에너지 기본계획

2021년 7월 1일, 일본 경제산업성은 일본의 새로운 에너지 기본계획의 원안을 발표했다. 이 내용은 다음 표와 같다.

2030년 발전 전력량 · 전원 구성

※ 모든 수치는 잠정치로 향후 변동할 수 있음

(억kwh)	발전 전력량	전원 구성
석유 등	약 200	약 2%
석탄	약 1,800	약 19%
LNG	약 1,900	약 20%
원자력	약 1,900~2,000	약 20~22%
신재생에너지	약 3,300~3,500	약 36~38%
수소 · 암모니아	약 90	약 1%
합계	약 9,300~9,400	100%

출처 : 자원 에너지청 2021년 7월 21일

이 계획은 각 신문 1면에 게재되었고 일본 정부의 결의와 실행계획을 알 수 있다. 그러나 각 신문의 사설에는 실현 타당성에 대한 물음표가 붙어 있었다.

우선 원자력 관련해서는 현재 신청 중인 미가동 원전 27개를 모두 가동할 수 있게 할 계획이다. 아시다시피 일본에서는 동일본 대지진 이후 원자력 발전소 사용이 크게 제한되었다. 각 지역의 반발도 만만치 않다. 대지진 이후 가동할 수 있던 원자력 발전소는 10기였다. 원전이 가동되기 위해서는 그 지역 지자체의 동의가 반드시 필요하지만 실제 상황은 불투명하다. 이런 현실과 원전 자체의 노후화, 원전에 대한 일본인들의 거부감을 고려하면 원전을 재개가 순조롭게 진행되기는 어려워 보인다.

게다가 2030년, 원자력 발전소는 법정 가동 상한 연수인 60년에 달하는 것도 나온다. 원전을 모두 재가동할 수는 없다고 생각하며 현재의 법정 상한 연수를 초과해 가동시키는 것에 대해서도 국민적 비난이 쇄도할 것이다. 도저히 원자력 발전 계획이 진행될 것 같지 않다.

게다가 풍력 발전에 관해서는 현행 일본법에 따르면 풍력이 환경에 미치는 영향을 조사하는 데만 8년이 걸린다. 이에 따라 풍력 발전이 본격적으로 도입되는 것은 2030년 이후로 잡힌다. 그래서 신재생에너지원의 대부분은 태양광으로 계획되어 있다. 현재 면적당 도입되는 태양광의 양은 현재 세계 주요 국가 중에서도 가장 많다. 앞서 언급했듯이 태양광 패널은 중국에만 의존하기 때문에 향후 전 세계에서 주문이 몰리면 비용 문제가 발생할 수밖에 없다.

일본 정부도 향후 화력에서 태양광 등 신재생에너지로 대대적으로 전환하는 과정에서 에너지 비용의 급격히 상승은 막을 수 없다고 내심 각오하고 있을 것이다. 그 모든 것을 정부가 다 보전해줄 수는 없는 노릇이다. 국민의 협조 없이는 절대로 이루어질 수 없다. 이렇게 신재생에너지로 전환하는 데 드는 비용을 국민이 부담하게 할 틀이 마련되었다. 이것이 '재생가능에너지 발전 촉진 부과금'이다.

이것은 사실상의 증세다. 현재 이 부과금은 2021년도에는 약 3조 엔이 될 것으로 추산된다. 이대로 가면 부과금이 천정부지로 치솟을 가능성도 부인할 수 없다. 일본 국민도 신재생에너지의 전환이 불가피하다고 느끼고 있겠지만 그 비용 부담이 가파르게 상승할 것이라는 현실은 미처 깨닫지 못하는 상태다.

실제로 부과금이 부과돼 전기요금이 크게 오르면 여론이 급변할 가능성도 있다. 이렇게 보면 에너지 전환은 모든 면에서 이만저만한 일이 아니며 우리 한 사람 한 사람에게 큰 타격을 줄 현실이 다가오고 있다.

석탄 가격이 계속 치솟는 이유

상황이 이렇다 보니 2021년 들어 석탄 가격 상승세가 이어지고 있다. 2020년 8월 시점에는 톤당 23달러까지 하락했지만 2021년에는 지속 상승했고 7월 들어 상승세가 더욱 빨라졌다.

7월 말 톤당 160달러에 달했다. 극심한 더위에 따른 전력 수요 증가와 세계 각지의 잦은 이상기후로 인한 공급 감소가 가격 상승을 견인하고 있다.

공급 감소는 2021년에 들어서면서 두드러지고 있다. 중국에서 사망자가 나오는 탄광 사고가 빈발하면서 중국 당국은 안전 점검을 강화했다. 인도네시아의 생산지역은 폭우로 인해 큰 타격을 받아 생산량이 5%나 감소했다. 그들은 이상기후를 통제하기 위해 석탄 사용을 중단하려고 노력하고 있다. 곳곳에서 이상기후가 심각해지고 있지만, 겨울에는 한파, 여름에는 폭염이 발생해 석탄 수요가 폭발적으로 증가하는 악순환에서 벗어나지 못하고 있다. 중국은 또 현저하게 관계가 악화된 호주로부터 석탄을 수입하는 것을 제한하기 시작했다.

한편 남아도는 호주산 석탄은 일본, 한국, 대만 등으로 수출되고 있어 전혀 가격이 내려갈 기미가 보이지 않는다.

이러한 석탄 가격 상승은 아시아에만 국한된 것이 아니다. 탄소 중립을 내걸고 세계를 이끄는 유럽조차 여전히 석탄 수요가 존재한다. 유럽에서는 기존에 러시아산 석탄을 수입했지만 러시아산 석탄은 현재 공급이 빠듯한 아시아로 넘어갔다. 그리고 콜롬비아가 공급하던 유럽향 석탄은 코로나 확산으로 콜롬비아의 철도와 항만이 봉쇄되어 수출길이 막혀버렸다.

석탄을 사용하지 않는다고 알려진 유럽에서도 석탄 가격이 상승

제4장_탄소중립과 자원 가격 급등

하는 아이러니한 상황이 벌어졌다.

2021년 6월, 골드만삭스는 석탄 가격 전망치를 발표했다. 세계적으로 석탄 수요가 견조하고 호주에서 신규 광산 인가가 어려워져 공급난이 지속되는 현 상황을 고려해 2021년과 2022년은 가격이 꾸준히 오를 것으로 전망했다.

빈틈없고 노련한 러시아의 행보

러시아는 이런 상황을 비즈니스 기회로 여기고 있다. 러시아는 앞으로 막대한 석탄 수요가 예상되는 아시아에 집중하고 있다. 러시아는 중국을 비롯한 아시아 지역에 대량의 석탄을 수출할 수 있는 체제를 갖추기 위해 고군분투하고 있다. 러시아는 호주와 중국의 관계가 악화된 것을 기회로 삼아 중국으로의 석탄 수출을 독점하려는 속셈이다.

아무튼 중국은 세계 석탄의 절반을 소비하고 있다. 러시아가 중국의 석탄 공급을 독점할 수 있다면 헤아릴 수 없는 이익이 기다리고 있을 것이다.

러시아로써는 중국으로 석탄을 어떻게 운송하느냐가 큰 문제다. 러시아와 중국은 육로로 연결되어 있으므로 석탄을 육로로 운송하는 것이 편리하다.

그러나 러시아 극동은 매우 추운 지역이라 철도 인프라가 의외로 미흡하다. 그래서 러시아는 시베리아 철도를 재개발하기 시작했다. 바이칼 아무르 철도, 일명 제2시베리아 철도라고 불리는 시베리아 횡단 철도를 빠른 속도로 정비하고 있다. 이 지역은 혹한이라 일반 인력을 배치하기 어렵다. 이에 러시아는 개발 작업에 죄수들을 사용하는 마치 구소련 시대로 돌아간 듯이 인권을 무시하는 정책으로 시베리아 철도의 근대화를 추진하고 있다.

이렇게 러시아는 중국과 아시아에 대한 연료 공급을 극적으로 확대하려 하고 있다. 이런 움직임은 세계의 탈탄소화에 정면으로 도전하는 행위다.

하지만 러시아도 나름의 논리를 내세우고 있다. 러시아는 '러시아는 세계 삼림 면적의 20%라는 거대한 삼림을 보유하고 있다. 숲은 이산화탄소를 흡수하는 역할을 하며 이로 인해 러시아는 세계 탈탄소화에 크게 공헌하고 있다. 따라서 러시아가 누려야 할 배출권을 생각하면 탄소세가 부과될 이유가 없다는 것이다.

일련의 흐름을 보면 알 수 있듯이, 러시아는 정말 '얕잡아 볼 수 없는 나라'다.

아베 전 총리도 블라디미르 푸틴 러시아 대통령과 9차례나 회담했지만 북방 영토 문제에 대해서는 전혀 진전이 없었다. 4개 섬 일괄 반환이 어느새 '2개 섬 사전 반환'으로 변질되었고 이마저도 뚜렷한 일정이 전망이 서지 않는다. 러시아와 푸틴 외교에 농락당하는 모양새다.

푸틴은 상대방에게 기대심을 안겨 주면서도 양보하지 않고 자신의 이익을 챙기는 것을 대단히 잘하는 지도자다. 경제력을 따져 봐도 러시아의 GDP 규모는 일본 엔으로 약 160조 엔으로 일본의 4분의 1 수준이고 한국의 GDP에도 미치지 못한다.

그러면서도 러시아는 세계에서 상당한 영향력을 유지하고 있다. 러시아는 미국보다 많은 핵탄두를 보유한 군사 대국으로 광대한 영토와 함께 노련한 외교를 펼치고 있다.

러시아가 장악한 천연가스를 둘러싼 거대 권익

러시아는 석유, 석탄뿐 아니라 천연가스도 막대한 권익을 가지고 있다. 그리고 정치를 능숙하게 이용한다. 7월 1일, 미국과 독일은 러시아의 천연가스를 독일로 수송하기 위한 해저 송유관 노르드스트림2(NordStream2) 건설을 사실상 허용하기로 합의했다. 이 문제는 우크라이나를 둘러싼 이슈와도 얽혀 있어서 트럼프 행정부 시절에는 공화당의 반대로 진전되지 않았다.

트럼프 전 대통령은 푸틴 대통령과 사이가 좋았고 미국과 러시아의 관계도 나쁘지 않았다. 반면 바이든 대통령은 인권 문제 등도 있어 트럼프 행정부 때보다 러시아에 강경 노선을 취할 것으로 예상되었다.

그런데 뚜껑을 열어보니 트럼프 행정부 시절에는 허용되지 않았던 노르드스트림2가 바이든 행정부에 의해 허용되었다. 러시아로써는 독일에 직접 천연가스를 수출할 수 있는 것은 물론 우크라이나와 폴란드에 더욱 강경하게 대응할 수 있다는 이점을 얻은 셈이다. 이는 바이든 행정부가 대중 적대 정책을 밀어붙이고 있어서 중국과 러시아를 상대로 동시에 일을 벌일 수 없는 미국 측의 사정을 교묘하게 이용한 것이다. 이렇게 해서 러시아는 노르드스트림2라는 큰 이익을 얻을 수 있었다. 푸틴은 그 분야의 외교적 술책에도 능하다.

탈탄소 추세는 유럽과 미국을 중심으로 가속화되고 있다. 러시아로써는 이런 흐름도 자국의 이익을 확대하는 기회로만 생각하는 듯하다. 러시아는 탈탄소화를 '미국이 준 선물'처럼 볼 것이다.

석유에 대해서는 OPEC 플러스라는 틀 안에서 영향력을 키우고 있으며, 석탄은 수요가 가장 큰 아시아 지역에 말뚝을 박는 정책을 취하고 있다. 유럽에서는 노르드스트림2를 완성해 독일이 에너지라는 중요한 생명선을 러시아에 의존하는 형태를 만들었다.

이렇게 푸틴은 탈탄소화를 이용해 국력을 키워 나가려는 움직임에 박차를 가하고 있다. 러시아 국영 석유회사인 로스네프티는 2020년 1월, 북극권 개발 계획을 발표했다. 러시아 북부 석유·가스 개발을 위해 1,700억 달러를 투입한다는 내용이다. 이것이 완공되면 세계 수요의 1년 치를 공급할 수 있어 세계 최대 규모의 LNG 기지가 된다.

자국의 환경 중시 정책에서 우왕좌왕하는 미국

바이든 대통령은 취임 후 곧바로 파리협정에 복귀해 트럼프 행정부와 달리 환경친화적인 방향으로 전환했다. 일본이 2030년 탄소배출량을 2013년 대비 46% 줄이겠다는 도저히 달성할 수 없는 목표를 세운 것도 바이든 행정부 초반에 국제사회로부터 강한 압박을 받았기 때문이다. 민주주의 국가로써의 일본의 입지와 미국·일본·유럽 등의 관계를 고려하면 일본이 지구온난화에 관해 과감한 대책을 내놓는 것 외에 다른 선택지가 없었을 것이다.

오바마 행정부와 트럼프 행정부 시절, 바이든 시절, 이렇게 미국 대통령이 바뀔 때마다 미국의 정책이 바뀌고 이에 영향을 받는 것은 초강대국이 될 수 없는 일본의 숙명이기도 하다. 백번 양보해서 일본이 미국의 사정에 따라 이리저리 휘둘리는 것은 이해할 수 있다. 그런데 미국 자신도 정권이 바뀔 때마다 중심을 잃고 휘둘리며 국내 여론이 분열되어 결국 미국도 자신이 무엇을 하고 있는지 우왕좌왕하는 것은 생각해 볼 일이다.

자동차 없이는 생활할 수 없는 곳이 미국이다. 자연스럽게 미국인들은 휘발유 가격에 대단히 민감하게 반응한다. 휘발유 가격이 1갤런 33달러라는 미국민들로서는 절대 용납할 수 없는 수준까지 치솟았다. 이에 관해서는 전체 여론이 비난조로 바뀌었다. 특히 캐나다와 교섭해서 양국 간 정치적 문제로까지 발전한 '키스톤XL' 문제는 심각하다. 공화당도 이 문제에서 바이든 정권을 맹비난했다. 이 문제를 살펴보자.

키스톤XL는 캐나다와 미국을 연결하는 송유관이다. 이 문제는 미국의 환경중시파와 경제중시파가 대립하면서 정권이 바뀔 때마다 방침이 변했다. 오바마 행정부 시절에는 건설을 반대했지만 트럼프 행정부가 되자 이 계획을 허가해 공사에 착수했다. 그런데 바이든 행정부가 되자 다시 건설을 취소했다. 이 송유관이 완성하면 미국의 원유 조달이 수월해져 유가 하락에 기여하고 휘발유 가격도 떨어질 것이다. 이것은 미국인들이 바라는 바다. 그래도 미국 민주당의 방침으로 오바마 행정부와 바이든 행정부가 환경을 중시하는 방침은 변하지 않았다. 그런 정치적 요인에 초점을 두면 이 문제에서는 서로 타협하기 어렵다. 정책이 환경 중시이고 국민들도 수긍하면 좋다. 그런데 미국인들도 환경이 중요하다는 것은 이해하지만 휘발유 가격이 오르기를 바라진 않는다. 그리고 휘발유 가격이 끝없이 치솟는 것은 용납하지 못한다. 이런 상황에서 '키스톤XL' 건설을 취소한 바이든 행정부는 다른 방법으로 휘발유 가격을 떨어뜨릴 수밖에 없다.

더군다나 앞서 지적했듯이 미국의 셰일가스 개발도 바이든 행정부의 방침에 의해 분위기가 살아나지 않고 있다. 이에 따라 유가가 상승해 휘발유 가격도 오르기만 한다. 이런 상황을 파악한 바이든 행정부는 어떻게 움직였는가 하면 수십 년 전에 그랬듯이 OPEC에 압박을 가하고 있다. OPEC에 산유량을 늘리라고 요청했다. 미국 내에서는 환경 중시 차원에서 화석 연료 개발을 중단하라고 해놓고 국제적으로는 유가가 오르면 곤란하니 OPEC에 증산을 요청한 것이다.

이것은 모순이 아닐까? 환경을 중시한다면 OPEC에 새로운 석유개발을 중단하고 원유를 증산하지 말라고 조언하는 것이 타당하다. 그런데도 국내에서는 환경을 중시해 신규 개발을 중단하고 송유관 개발도 허가하지 않으면서 해외에 개발을 장려해 원유 생산을 늘리는 것은 이른바 이중 잣대나 다름없다. 미국의 정책이 얼마나 뒤죽박죽이고 일관성이 없는지 여실히 보여준다.

국제사회는 3년 뒤 차기 미국 대통령이 다시 트럼프가 되거나 환경 중시가 아닌 경제중시파 대통령이 된다면 미국의 정책이 다시 180도 바뀌지 않을까 우려한다.

그래서 어떤 의미에서 세계 각국은 미국의 정책을 신뢰하지 못하고 있다. 이렇게 갈팡질팡하는 미국의 상태가 점점 환경 문제를 복잡하게 만드는 셈이다.

점점 늘어나는 동남아의 LNG 수입

다음으로 아시아에서 폭발적으로 증가하는 LNG 수요에 대해 살펴보자. 2021년 초, LNG의 스팟가격(현물가격)이 급등했다고 앞서 말한 바 있다. LNG는 액화천연가스이기 때문에 영하 162℃의 극히 낮은 온도에서 가스를 액화해야 한다. 이렇게 천연가스를 액체화해서 운반하는 것이다. 따라서 일반적으로 LNG는 저장 기간이 길면 원래의 가스 상태로 돌아가려고 한다.

당연히 장기간 저장할 수 없다. 이렇게 재고를 오래 가져갈 수 없는 것이 LNG의 단점이다. 대신 LNG는 가스를 액체화함으로써 부피를 600분의 1로 줄일 수 있다. 그렇기 때문에 대량의 에너지면서도 쉽게 옮길 수 있다. 또한 연소 시 탄소배출량이 석탄보다 40% 적다는 장점이 있다.

앞서 언급했듯이 세계적으로 화석 연료 중 청정에너지로 꼽히는 LNG 수요가 증가하고 있다. 그리고 아시아에서는 LNG 수요가 더욱 증가하고 있는 것으로 보인다.

동남아시아에는 일본과 마찬가지로 섬나라인 인도네시아와 필리핀이 있다. 그 밖의 다른 아시아 지역의 개발도상국들도 에너지가 많이 필요하다.

이런 상황에서 동남아시아 전역은 서구보다 적도에 가까우므로 아무래도 덥기 마련이다. 바람도 유럽과 미국처럼 항상 불지 않는다. 동남아시아는 인구 밀도가 높기 때문에 태양광을 설치할 땅도 여유롭지 않다. 상황이 이렇다 보니 풍력과 태양광 같은 신재생에너지보다는 화석 연료에 의존한다.

앞으로 발전하려고 필사적으로 노력하는 상황에 동남아시아에

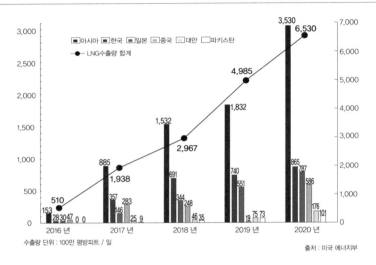

수출량 단위 : 100만 평방피트 / 일

출처 : 미국 에너지부

LNG는 안성맞춤인 에너지원이다.

이 그래프를 보면 알 수 있듯이 동남아시아에서 LNG 수요는 급속히 확대되고 있다. 현재 일본, 중국, 한국이 세계 LNG 소비의 60%를 차지하는데, 수입 증대율을 보면 동남아시아가 한중일보다 더욱 가파르게 오르고 있다. 또 최상의 클린에너지로 불리는 수소도 주로 천연가스에서 생성된다. 현재 유통하는 수소의 80%가 천연가스에서 생성된다.

모든 의미에서 천연가스 그리고 그것을 액화한 LNG 수요는 화석 연료라고는 하지만 향후 에너지 체제를 전환하는 과정에서 당분간 증가할 것으로 보인다.

필리핀

"가스전 공급이 줄어드는 만큼 LNG 조달체계를 신속하게 구축하는 것이 중요하다."

필리핀 거대 발전사 퍼스트젠(Fisrt Gen)이 처음으로 LNG 수입 계획을 밝혔다. 필리핀도 드디어 2022년 7월부터 9월까지 LNG를 수입하기 시작할 예정이다. 이에 앞서 2021년 6월 기반 설비 착공에 들어갔다. 필리핀 루손섬 남서부에 있는 바탕가스(Batangas)시에서 공사가 시작되었다. 퍼스트젠은 일본 도쿄가스와 손잡고 해상기지를 설치할 계획이다. 해상기지의 건설비가 더 저렴하고 공사기간도 짧기 때문에 일본 기술을 도입하기로 결정했다.

동남아시아 각국에서 일어나고 있는 일인데, 각국 모두 자가 발전하는 가스전이 고갈되는 문제를 갖고 있다. 필리핀의 유일한 가스전은 2027년에 고갈되고 그로 인해 필리핀의 발전량의 20%가 사라질 것이다. 당연히 국가 차원에서 에너지원을 확보해야 한다. 필리핀은 지금도 전력이 부족한 상태이며 매년 5% 이상 전력 수요가 증가하고 있다. 이번 LNG의 수입은 시작에 불과하다. 향후 필리핀의 LNG 수입은 크게 확대될 것이다.

태국 · 베트남

가스전이 고갈되어 가는 것은 필리핀뿐만이 아니다. 과거 일본에서도 구리광산과 탄광이 많았지만 대부분 파헤쳐 고갈되었다. 경제가 발전하는 과정에서 어느 나라든 자국의 자원이 바닥나는 것은 당연한 귀결이기도 하다.

태국에서도 가스전이 고갈되는 경향이 뚜렷해지고 있다. 국내 최대 탄광회사인 범푸가 현재 세계적인 탈탄소화 추세에 대응해 신규 탄광 개발을 중단하겠다고 밝혔다. 그러나 범푸는 석탄 개발에서 완전히 손을 떼겠다는 발언은 하지 않았다. '아시아 태평양 지역의 석탄 수요는 여전히 많다. 우리는 고객에 대한 책임을 다할 것이다'라고 발표했다. 범푸는 향후 천연가스와 신재생에너지 사업을 강화할 계획이다.

2020년 2월 회사의 재무제표를 보면 매출의 80%가 석탄 관련이었다. 범푸는 동남아시아 최대 석탄 생산업체였지만 앞으로는 방침을 바꾸어 석탄에서 천연가스로 방향 전환할 예정이다.

태국은 국가 차원에서 LNG를 2037년까지 약 320억 평방미터 수입할 계획이다. 이 수치로 2018년 대비 6배가 넘는 양을 도입한다는 것을 알 수 있다.

베트남도 LNG를 수입하기 시작한다. 베트남은 2022년 LNG 기지를 가동할 것이고 이에 따라 드디어 LNG 첫 수입이 시작된다. 베트남 전역에서 LNG를 이용해 에너지를 확보할 계획이며 현재 10곳에서 기지를 건설할 프로젝트가 진행 중이다. 다음으로 중국의 LNG 도입 실태를 살펴보자.

중국의 에너지 사정

2021년, LNG 수입량이 일본을 대신해 중국이 세계 1위를 차지했다. 생각하기에 따라서는 지금까지 일본이 세계 1위의 수입권이었던 것이 부자연스럽다고 할 수도 있다. 중국의 에너지 사용량을 생각하면 일본보다 중국이 훨씬 더 많이 수입하는 것이 당연하다. 동, 알루미늄, 철광석 등 중국은 세계 산출량의 절반을 소비한다. 그래서 드디어 LNG 수입을 본격화한 것이다. 중국의 수입량이 일본을 추월해 세계 최고가 되었다는 것은 향후 LNG 수입량이 비약적으로 증가할 것이라는 의미다. 중국은 석탄 등 화석 연료를 대량으로 소비하고 있지만 세계적인 탈탄소화의 분위기 속에서 아무리 중국이라도 탄소배출을 대폭 감축할 수밖에 없다.

그중 한 방법으로 석탄에서 천연가스 그리고 수입하는 LNG 사용을 크게 확대하는 것은 당연한 선택지다. 동남아시아도 LNG 수입을 폭발적으로 늘리고 있으며, 중국도 향후 LNG 수입액을 대폭 늘릴 것이다. 중국의 현재 에너지 사정과 향방을 살펴보자.

중국의 에너지 사용량 중 석탄 점유율

2012년 68%   2019년 58%

중국의 에너지 사용량에서 차지하는 비화석 연료 비율

2012년 9.7%   2019년 15%

중국의 탄소배출량

2012년 96억 톤   2019년 102억 톤

이렇게 중국에서는 석탄 사용량이 줄고 신재생에너지 사용이 늘어나고 있지만 탄소배출량 또한 증가하는 추세다. 이것은 중국 자체가 8% 가까운 성장을 해왔기 때문이다. 경제 성장을 하는 한 현상태에서 탄소배출량이 증가하는 것은 어쩔 수 없는 부분이다. 다만 중국은 현재 세계의 탄소배출 대부분을 차지한다. 중국의 배출량이 대폭 감소하지 않으면 지구 전체의 온난화를 막을 길이 없는 것은 명확하다.

그리고 중국은 자신도 화석 연료인 석탄 사용을 최대한 줄이는

중국의 에너지 사정

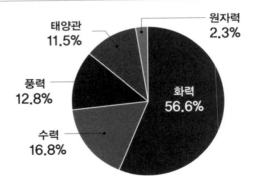

〈출처〉 중국 · 국가 에너지국. 용량 기준, 20년   출처 : 닛케이신문 2021년 3월 5일

방향으로 전환한 듯하다. 그렇지만 한편으로는 막대한 양의 석탄을 사용하는 것을 슬쩍 눈감아줄 것이다. 경제 규모가 절대적으로 크기 때문에 화석 연료 사용을 아무리 줄인다고 해도 한계가 있기 마련이다.

게다가 중국은 화석 연료 중에서도 비교적 깨끗한 천연가스 사용을 확대하고 있다. 중국은 LNG 수용 능력을 2025년까지 두 배로 늘릴 것이라고 한다. 이 계획을 바탕으로 중국은 2021년 일본을 제치고 LNG 수입을 본격화해 세계 최대 LNG 수입국이 되었다.

중국은 관료국가답게 일정한 계획에 따라 LNG 수입을 확대해왔다. 우선 중국은 산업별로 발전 연료를 석탄에서 천연가스로 변경하라는 통보를 했다.

중국은 LNG 수입액에 따라 LNG를 발전 연료로 사용하는 업종을 확대할 것이다. 이미 광둥성에서 통보에 따라 LNG를 발전 연료로 사용하는 업종을 지정하기 시작했다. 그리고 이 움직임은 머지않아 전국적으로 퍼질 것이다.

지금까지 주로 화석 연료에 관해 설명했다. 그러나 에너지 상황의 가장 큰 문제는 화석 연료가 아니라 앞으로 신재생에너지에 사용될 희소자원이다. 화석 연료는 기본적으로 세계적으로 감소하거나 감소시키겠지만, 신재생에너지에 쓸 자원에 대한 수요는 앞으로 폭발적으로 증가할 것이다.

앞으로 신재생에너지를 둘러싼 자원 쟁탈전이 시작되어도 전혀 놀랍지 않다. 일단 현재 상황을 살펴보겠다.

IEA의 충격적인 보고서

'기후 목표 달성은 중요한 광물에 대한 수요를 단번에 증가시킨다. 비용 증가 결과 에너지 전환은 틀림없이 기세를 잃고 느려질 것이다'라고 IEA는 충격적인 보고서를 발표했다. 'EV(전기차), 풍력 터빈, 수소, 태양광, 배터리 등을 충분히 갖추기 위해서는 중요한 광물을 합리적인 가격에 들여와야 한다. 그렇지 않으면 이들 기후 목표를 달성하는 데 큰 걸림돌이 될 것이다'라고 했다.

IEA는 2040년까지 이들 신재생에너지에 사용해야 하는 광물의 양에 관해, 리튬은 지금의 두 배로 증가할 것이라고 추산했다.

현재 세계 주요 자동차 회사들이 리튬을 놓고 쟁탈전을 벌이고 있다. 테슬라는 중국 최대 차량용 배터리 업체인 CATL의 리튬이온 배터리 공급 기간을 연장하기로 했다. 또 미국 GM은 호주의 한 자원회사와 제휴해 리튬 개발에 착수하겠다고 발표했다. 이제 스스로 리튬 확보를 목표로 하지 않으면 향후 조달에 차질이 생긴다고 생각하기 때문일 것이다. 실제로 유럽과 미국의 주요 자동차업체들은 잇달아 전기차로 방향 전환을 하겠다고 발표하고 있다. 독일 폭스바겐(VW)은 2030년까지 350억 유로를 투자할 계획이며, 그중 전기차 비중이 60%에 달한다. 이 같은 움직임은 각 기업에서 가속화되고 있다.

하이브리드 자동차를 잘 만들어 내는 도요타를 비롯한 일본 자동차업체들은 대체로 서방 기업만큼 서둘러 전기차로 전환할 계획이 없다. 도요타의 계획에 따르면 해외 판매는 차치하고, 일본 내의 판매에서는 2030년까지 신차의 10%를 전기차나 FCV(연료전지차)로 대체할 예정이다.

일본에서는 종래의 가솔린차 제조에 종사하는 수많은 노동자가 있다. 겨우 10년이라는 짧은 시간 안에 그들 대부분을 다른 직종에 취직시키는 것도 매우 어려운 일이다.

또한 일본의 자동차업체들도 하이브리드라는 우수한 기술력을 보유했다는 자부심이 크다. 다만 IEA는 2035년까지 하이브리드 차를 포함한 엔진 장착 자동차 판매를 중단하지 않으면 온실가스 배출량을 2050년까지 0으로 만드는 '탄소중립'을 달성할 수 없다고 경고했다. 이러한 EV로의 빠른 전환은 현재 세계의 추세가 되었다. 불행히도 일본 업체가 글로벌 추세를 놓칠까 우려된다.

상품 가격은 슈퍼사이클 진입인가?

"상품 가격은 구조적인 강세장에 진입했다! 모든 시장에서 수요가 공급을 따라가지 못하고 있다."

골드만삭스는 상품 가격이 새로운 강세장으로 접어들었다고 발표했다.

JP모건도 '지난 100년간 5번째 원자재 슈퍼사이클이 시작됐다'며 상품 시세가 대폭 강세장에 돌입했을 가능성을 보도했다. WTI 원유가격은 2020년 4월 마이너스 40달러라는 비정상적인 가격에서 현재는 70달러 부근에서 움직이고 있다. 구리와 알루미늄, 니켈 등 비철 금속은 2020년 최저치에서 두 배 가까이 올랐다. 철광석도 오르고 천연가스 가격도 올겨울 급등세를 보였다. 일본에서도 일부 '시장 연동형 요금제'로 인해 전기요금이 폭등한 것도 뚜렷이 기억난다.

또한 2020년부터 콩, 옥수수, 밀 등의 곡물 국제가격이 크게 올랐다. 지금까지는 일본의 소비자 물가지수는 안정되었지만 식품 가격은 확실히 올랐다. 샐러드유 등 식용유는 2021년 들어서만 세 차례나 인상되었다. 야마자키제빵은 제품 가격을 평균 7% 인상했다. 원두커피 업체들은 20% 인상할 예정이다.

이렇게 전체 상품 시세를 보면 모든 상품이 예외 없이 큰 폭으로 오르기 시작했다. 이것은 인플레이션의 서막이고 상품 시세 전반의 강세장으로 들어가는 초입이라는 뜻일까? 아니면 코로나 이후의 회복세로 돌아서는 '풀린 돈' 때문에 일시적으로 발생한 것일까?

먼저 과거 상품 가격의 슈퍼사이클 역사를 돌아보자. 1973년 석유파동이 일어나면서 유가가 갑자기 네 배나 뛰면서 세계경제는 큰 혼란에 빠졌다.

당시 일본 전역이 패닉 상태가 되었고 일본 경제가 망할 것이라는 위기감이 돌았다. 다행히 일본은 민관이 함께 '에너지를 절약하는' 노력을 함으로써 위기를 극복할 수 있었다. 그 후 세계적으로 유가는 안정되었다.

1980년대 중반에서 1990년대까지 원자재 가격은 장기 침체를 겪었다. 자원 개발은 가격이 낮으면 채산성이 떨어지기 때문에 원유 채굴이나 광산 개발 등, 이른바 '상류 투자'가 고갈된 상태가 되었다. 이렇게 자원 공급 체제는 중단되다시피 했다. 하지만 2000년대 들어서면서 세계의 상황이 완전히 바뀌었다. 중국이 WTO에 가입했고 세계경제에 편입되면서 빠르게 발전했다. 그와 동시에 브라질, 러시아, 인도, 남아프리카 등 브릭스(BRICs)라고 불린 신흥국이 중국과 같은 방식으로 발전하기 시작했다. 특히 중국은 그 과정에서 많은 물자가 필요해졌다. 중국은 세계의 자원을 폭식하고 그 모든 것을 삼키듯 세계 각 지역에서 사들였다. 한편 브릭스 등 신흥국과 산유국은 자원을 고가에 팔았고 그 결과 경제적 상황이 크게 개선되었다. 이러한 상승효과가 전 세계적으로 발생하면서 세계 경제는 크게 발전했고 자원 가격은 꾸준히 상승하고 있다. 이 기간 원유, 석탄, 비철 금속 등이 폭등했다. 유가는 1998년 10달러 수준에서 2008년 리먼브라더스 사태 이전에는 149달러에 달하는 등 비정상적인 수준으로 치솟았다.

1990년대 후반부터 2008년까지 원자재 가격이 폭등했던 시기를 가리켜 '상품의 슈퍼사이클이 발생했다'고 말한다. 그리고 이 2008년에서 13년이 지난 지금, 새로운 상품의 슈퍼사이클이 시작된 것 아니냐는 지적이 나왔다.

그렇다면 상품 가격의 슈퍼사이클은 정말일까? 결론적으로 말하면 일부 상품 가격은 슈퍼사이클에 돌입했다고 말할 수 있다. 그러나 앞으로도 꾸준히 상승할 가능성이 큰 상품과 이번 상승이 일시적인 상품이 있다고 본다.

예를 들면 원유 가격이다. 원유는 2008년 여름 149달러로 사상 최고치를 기록했지만 나는 유가가 그렇게까지 상승하진 않을 것으로 본다.

석유 시장에서는 현재 사우디아라비아가 감산을 진행 중인데 이대로 석유 가격이 높게 지속되면 미국은 셰일가스를 늘릴 가능성이 크다. 게다가 이란의 원유 수출이 재개될 가능성도 있다. 또 세계는 탈탄소화 추세로 자동차를 중심으로 휘발유 등 원유 사용을 중단해야 한다는 정치적 압력이 거세지고 있다. 이처럼 원유 수요를 꾸준히 감소시키는 흐름이 존재한다. 애초에 원유는 세계적으로 볼 때 공급 측면에서 체제가 잘 갖춰져 있다.

최근 코로나 확산에서 벗어나는 가운데 향후 유가가 일시적인 공급 부족으로 상승할 가능성은 부인하지는 않지만, 그러한 상승세가 지속적으로 유지되진 않을 것이다.

그럼에도 구리와 알루미늄, 니켈, 주석과 같은 비철 금속 가격은 앞으로 몇 년 동안 큰 시세를 낼 가능성이 있다. 다시 말해 비철 금속은 슈퍼사이클에 진입했을 가능성이 크다. 현재의 탈탄소화라는 세계적 추세로 인해 비철 금속 수요가 늘어나는 상태를 감안하면 이것을 비철 금속 시장의 상승을 '슈퍼사이클'이 아닌 '그린사이클'이라고 부르는 소리도 있다.

폭발적으로 수요가 늘어난 구리

구리부터 살펴보자. 시장가격을 예측하기 위해서는 향후 수급 상황을 가늠해야 한다. 구리 수요는 앞으로 분명히 크게 늘어나겠지만 공급은 줄어들 것으로 보인다. 구리 가격은 2020년 3월의 4,371달러를 저점으로 상승세로 돌아서 2021년 4월 말, 10년 만에 1만 달러를 돌파했고, 5월에는 2011년에 사상 최고치인 1만 190달러를 넘어서면서 고공행진을 계속했다. 그 후 8월, 1만 달러 아래로 내려갔지만 다시 고가로 돌아서는 것은 시간문제다. 어쨌든 탈탄소화 흐름에서 수요가 압도적으로 증가한 것이 구리다. 앞으로 탈탄소와 관련된 모든 국면에서 구리에 대한 폭발적인 수요가 발생할 것이다.

골드만삭스의 보고서에 따르면 '구리 수요가 향후 1년 동안 5배에서 10배로 증가할 것'이라고 했다. 이 리포트에서는 '구리는 새로운 원유'라고 지적했다.

〈수요① – 전기자동차〉

먼저 EV(전기자동차)를 짚어보자. 자동차 전동화는 이제 막을 수 없는 흐름이다. 미국에서의 바이든 행정부가 탄생하면서 탈탄소화는 점점 빠르게 진행되었고, 일본에서도 2050년 온실가스 제로라는 목표를 국제 공약으로 내걸었다. 이제 일본도 되돌아갈 수 없는 탈탄소화에 들어가고 그 가운데서도 자동차 전동화는 관민이 함께 실행하는 이슈다. 이 경우 새로운 전기자동차는 전지와 모터로 움직이는데 이때 당연히 많은 구리가 필요해진다. 기존의 내연기관차는 대당 약 25킬로그램의 구리가 필요하지만 전기자동차는 약 80킬로그램이 필요하다. 앞으로 전기자동차의 생산 확대에서 생산 과정에서 기존의 3배 이상 많은 구리가 필요하며 그것은 매년 더욱 증가할 것이다.

〈수요② – 클린에너지〉

게다가 탈탄소화로 인한 새로운 에너지 체계 구축을 할 때도 구리가 쓰인다. 태양광, 풍력 등 클린에너지를 발전하려면 막대한 양의 구리가 필요하다. 전기를 일으키기 위해 풍차와 같이 돌아가는 풍력터빈을 만들기 위해서도 구리가 있어야 한다. 풍력터빈은 일본에서도 주로 바다 위에서 설치하는 경우가 많다. 얼핏 생각해도 알 수 있듯이 바다 위에서 지상까지 송전선으로 전기를 보내야 하므로 상당히 튼튼하고 망가지기 어려운 설비와 함께 긴 송전선이 필요하다. 이런 관계로 풍력 발전에서는 구리 사용량이 일반적인 경우의 5배, 해상풍력발전에서는 15배의 구리를 사용해야 한다. 이렇게 클린에너지에서는 설치를 위해 기존 에너지 방식에 비해 '앞자리가 바뀌는' 양의 구리를 사용해야 한다.

이것도 매년 확대될 것이다.

참고로 세계 송전망은 2050년까지 4,800만 킬로미터에 달하며 이것은 지구를 1,200바퀴 돌 수 있는 길이다. 송전선도 앞으로는 '스마트 그리드'라고 불리는 더욱 높은 성능을 가진 것으로 변할 것이므로 구리 사용량이 얼마나 늘어날지 짐작도 할 수 없다.

다만 구리 공급 측면으로 눈을 돌리면 이것은 큰 문제다. 현재 세계의 구리 공급체제와 향후 수요 증가를 바탕으로 추산하면 구리 자원은 앞으로 35년 뒤에 고갈할 것으로 나온다. 이것도 상당히 보수적으로 잡은 것이리라. 가격이 상승하면 새로운 광산을 개발하는 식으로 대응할 수도 있겠지만 광산을 개발하려면 시간이 걸린다. 광산은 보통 개발하기 시작해서 발굴, 운반에 이르기까지 5년 이상 잡아야 한다. 골드만삭스의 추산에 의하면 구리 생산은 2023년 또는 24년에 정점을 찍고 2025년부터는 구조적인 부족 상태에 달한다.

게다가 지금은 ESG 투자가 대세이므로 환경 문제를 고려해야

제4장_탄소중립과 자원 가격 급등

한다. 광산 개발을 극도로 꺼리고 경우에 따라서는 수익성이 나오지 않을 수도 있다. 아이러니하게도 환경에 대한 의식이 높을수록 광산 개발의 문턱이 높아진다. 구리의 주요 산지는 남미 칠레와 페루이며 이 두 나라만으로 세계 공급의 40%를 맡는다. 광산 일을 상상하면 알 수 있듯이 광산에서의 채굴 작업은 '밀도가 높다.' 사람과 사람이 거의 딱 달라붙어서 일해야 한다. 그래서 지금은 코로나 감염 리스크를 생각해 작업 현장에서는 조업을 대폭 축소하는 것이 현 상황이다. 그래도 생산체제는 점차 회복되고 있지만 예전과 같은 완전한 생산체제로 돌아간 것은 아니다.

글로벌 광산업체인 앵글로아메리칸, 발레, 리오틴토, BHP 등 세계의 자원 개발 대기업 8사의 투자액 추이를 보면 2011~2015년 3,035억 달러에서 2016~2020년 1,566억 달러로 반토막 났다. 투자가 이루어지지 않으면 생산량은 점점 줄어들 수밖에 없다.

그 단계에서 수요가 늘어나면 가격이 폭등할 수밖에 없다. 전 세계의 금, 은, 구리 생산은 2016년에 정점을 찍었다. 각사는 자원 가격 하락으로 투자를 억제했기 때문이다. 또 세계 2위의 구리 생산국인 페루는 2021년 새로운 정부가 출범할 것이다. 대통령 선거에서 급진 좌파 페드로 카스티요가 후지모리 전 대통령의 장녀 게이코 후지모리를 꺾고 대통령으로 취임한다. 그는 구리 등 페루 자원의 국유화를 주장한다. 페루 통화인 솔의 가치가 사상 최저 수준으로 떨어지는 등 파장을 낳았다. 이처럼 최근에는 탈탄소화 추세는 자원 개발에 더욱 불리한 흐름을 낳으면서 개발이 점점 어려워지고 있다. 상황이 이렇다 보니 폭발적인 수요가 쏟아지고 있다. 일본의 태양광 패널 설치 확대 계획만 봐도 알 수 있듯 신재생에너지의 수요는 증가하기만 하고 중앙은행들도 자금 조달에 대한 입장을 분명히 밝히고 있다.

비철 금속 공급 시스템의 다양한 문제

〈니켈—필리핀〉

니켈, 알루미늄, 코발트, 주석도 마찬가지로 광산에서 채굴하기 때문에 기본적으로 구리와 같은 문제를 갖고 있다. 니켈은 일반적으로 스테인리스용으로 사용되지만 최근에는 리튬 이온 배터리의 양극 전극으로 사용되고 있어 향후 수요가 크게 증가할 것으로 전망된다. 현재 9만 톤인 차량 배터리용 니켈 수요는 향후 10년 동안 10배 이상으로 증가해 100만 톤이 될 것이다. 니켈은 주로 인도네시아, 필리핀, 러시아에서 생산된다. 이 세 나라는 전 세계 생산의 약 5%를 차지한다. 그러나 얼마 전 필리핀 대통령은 채굴 현장의 환경오염 문제로 필리핀에서 채굴을 금지하라고 지시했다.

〈알루미늄—중국〉

알루미늄 생산도 큰 문제를 갖고 있다. 중국에서의 생산에 브레이크가 걸린 것이다. 2020년 9월 유엔 연설에서 시진핑 주석은 '2030년 전까지 탄소 배출량이 정점을 찍고 2060년 전까지 탄소중립을 실현하도록 할 것'이라고 선언했다. 이 목표에 맞추어 중국은 알루미늄을 수입할 계획이다. 중국은 전통적으로 알루미늄 자급제를 구축해왔다. 사실 알루미늄은 생산 과정에서 전력을 엄청나게 사용한다. 중국은 석탄 화력이 주력인 만큼 그동안 석탄 화력발전으로 알루미늄을 생산했다. 그런데 이런 방식으로 알루미늄을 생산하면 중국의 탄소배출량은 계속 확대될 것이다. 석탄 화력은 중국에 중요한 에너지원이기 때문에 앞으로도 전략적으로 석탄 화력을 계속 사용할 것이다. 다만 '전기 통조림'이라고 불리는 알루미늄 생산에 관해서는 석탄 화력을 이용한 알루미늄 제련을 폐기할 방침이다. 따라서 앞으로 중국은 알루미늄 자급제를 포기하고 수입에 의존할 것이다. 중국의 극적인 정책변화로 2020년부터 세계 알루미늄 시장이 급등했다.

〈코발트―콩고〉

코발트에 관해 알아보자. 코발트는 니켈과 함께 전기차용 리튬 이온 배터리의 주요 소재다. 코발트 산지는 매우 편중되어 있으며 전 세계 코발트 생산량의 68%가 아프리카의 콩고에 의존하고 있다. 그런데 콩고의 정치 상황은 매우 불안정한데다가 아동 노동 문제도 지적되어 왔다. 그런 만큼 비철 금속이 칠레와 페루, 인도네시아와 필리핀, 콩고 등에서 생산되기 때문에 앞으로 공급이 안정적일지 우려된다. 게다가 비철 금속은 현재 표면화된 모든 광산채굴 계획을 모두 더해도 앞으로 세계의 요구를 충족시키지 못할 것으로 보인다. 이렇게 보면 원유시장과는 달리 비철 금속인 구리, 알루미늄, 니켈, 코발트, 주석 등은 탈탄소화, 이른바 환경을 중시하는 추세로 인해 수요가 줄어들지 않을 것이므로 공급이 빠듯할 것이 분명하다.

현재 이들 시장은 급등세에서 한숨 돌리고 있다. 그러나 이것은 투기자금이 대량으로 들어와서 일시적으로 조정되고 있을 뿐이다. 이러한 비철 금속 동향은 '탈탄소화'라는 세계적 추세를 타고 슈퍼 사이클에 들어갔을 가능성이 크며 앞으로도 눈을 뗄 수 없는 상태가 지속될 것이다.

원래 IEA는 2040년까지 코발트와 니켈 사용량이 20~30배 증가할 것으로 추정했다. 하지만 과연 지구상에 그만한 양이 존재하는지 의문스럽다. IEA는 이들 광물의 가격이 현재 상승하고 있지만 천정부지로 치솟지 않은 이유를 '투자자들이 아직 각국 정부가 기후 목표를 달성하는 데 최선을 다하고 있다고 확신하지 않기 때문'이라고 말한다.

유럽을 중심으로 기후변화에 대해 즉각 조치를 해야 한다는 여론이 나날이 커지고 있지만, 실현 가능성에 대해서는 여전히 회의적인 견해가 많다. 지금까지 살펴보았듯이 에너지 전환은 매우 어려운 작업이다.

중국 정부의 강제적인 시장 개입과 야망

2021년 5월, 구리와 알루미늄, 니켈 등 비철 금속 가격이 하락했는데, 이는 중국 정부의 강제적인 시장 개입에 따른 것이다. 중국에서는 2021년 들어 도매 물가가 급등해 많은 중소기업이 어려움을 겪었다.

해외에서 들어오는 자원 가격 급등을 막겠다는 의도도 있어 장국은 자원의 투기적 거래를 엄격하게 규제했다. 세계 최대 자원 수입국인 중국이 이 정책을 내놓자 5월 이후 자원 가격이 일시적으로 진정세를 보였다.

연이어 쏟아져 나온 중국 당국의 정책을 살펴보자.

5월 10일　　　거래소 증거금 인상

5월 12일　　　〈상품 가격을 감시해 적절히 대처함〉
　　　　　　　중국 국무원 성명 발표

5월 19일　　　〈비합리적인 상품 가격 상승 억제〉
　　　　　　　중국 국무원

5월 23일　　　〈과잉 투기가 가격 상승을 조장했다〉
　　　　　　　국가발전개혁위원회 경고

〈투기 및 사재기를 용인하지 않겠다〉

5월 29일 　　〈2025년까지 곡물을 포함한 주요 상품 가격 관리 강화〉

국가발전개혁위원회

이러한 경고와 규제로 중국 시장의 투기 열기는 잠시 멈추고 일시적으로 진정되었다. 그러나 미래는 불확실하며 비철금속 가격은 다시 상승할 가능성이 크다.

그런 한편 중국은 신재생에너지 시장에서 패권을 쥐려고 착착 손을 썼다. 특히 태양광 패널 등 신재생에너지에 필요한 부품과 자원의 권익을 통제했다. 최근 미국은 신장위구르자치구에서 태양광 패널을 만들기 위해 동원되는 강제 노동을 이유로 중국산 수입금지 조치에 나섰다.

그러나 그 이전에 태양광 패널에 사용하는 다결정 실리콘 가격이 급등하기 시작했다. 태양광 패널의 주원료인 다결정 웨이퍼용 실리콘 가격은 2020년 6월 6달러였지만 1년이 지난 2021년 6월에는 27달러로 1년 만에 4.5배가 뛰었다. 일본의 태양광 패널 가격도 30~40% 올랐다.

태양광 패널의 대부분은 실리콘이다. 그 실리콘은 반도체에 쓰이는 실리콘만큼 순도가 높을 필요가 없으며 중국은 이런 범용 제품에 강하다. 유감스럽게도 일본 국내에서는 태양광 패널을 증산할 여력이 없다. 과거 일본 제조업체는 태양광 패널에서 세계 최고의 점유율을 갖고 있었다. 파나소닉, 샤프, 산요전기 등이 세계를 석권했던 시절도 있었지만, 대량생산 대량소비로 밀어붙이는 중국 제조사들의 기세에 눌려 패배했다. 2020년에는 전 세계 태양광의 0.4%, 일본 국내 수요의 10%를 조달하는 데 불과하다.

중국은 현재 전 세계 태양광 패널 생산의 72%를 장악하고 있으며, 그 절반을 신장위구르자치구에서 생산한다. 향후 태양광 패널을 조달할 수 있을까? 일본 정부는 폭발적으로 태양광 설치를 확대할 계획이지만 중국에서 수입하지 못할 경우 난처한 상황에 빠질 가능성도 배제할 수 없다.

참고로 신재생에너지 부재료와 주요 부품에서 중국이 차지하는 비율은 다음과 같다.

태양광 패널　72%

리튬이온전지　69%

풍력 터빈　45%

이뿐 아니라 코발트와 리튬 권익도 중국이 거의 장악하고 있다. 신재생에너지를 확대한다는 것은 현재로써는 중국에 의존하는 것 외에 방법이 없다.

이렇게 보면 지금 세계는 중국 없이는 돌아가지 않는다. 2020년 세계는 코로나에서 벗어나기 위해 악전고투했다. 이때 마스크를 공급할 수 있었던 나라는 중국뿐이었고 모든 나라는 중국에 매달릴 수밖에 없었다. 시진핑 주석은 '국제적 서플라이체인(공급망)인 중국에 대한 의존도를 높여서 공급 관계를 끊으려는 외국에 강력한 반격과 힘을 보여줄 필요가 있다'고 말했다. 현실은 그의 말대로 흘러가고 있으며, 전 세계가 중국에 휘둘리는 형국이다. 신재생에너지로의 전환은 지금 전 세계적으로 시급한 우선 과제이지만 이는 중국에 점점 힘을 실어 주는 '계기'가 될 수 있다는 점도 분명히 알아둬야 한다.

제 5 장

상승 추세를
이어갈 주식시장

부실 운용을 이어가는 기관투자자와 그들을 옹호하는 언론

'2020년도 운용은 5조 7,986억 엔의 흑자를 기록했다.'

2021년 7월 1일, 연금적립금 관리운용 독립행정법인(GPIF)은 그 어느 때보다 좋은 결과를 발표했다.

1년 사이에 7조 엔(투자수익 25%)이 넘는 수익을 올리며 운용자산을 186조 1,624억 엔으로 늘렸다고 하니 대단한 일이다. 이로써 GPIF의 누적 수익은 2001년 5조 3,363억 엔이 되었다. 국민의 소중한 재산인 연기금을 20년 만에 두 배로 늘린 것이다.

이것은 국민에게 대대적으로 성과를 강조해도 좋을 일이지만 언론은 이를 크게 다루지 않았다.

언론은 GPIF가 조금이라도 적자를 낼 것 같으면 지면을 충분히 할애해 운용기법을 철저하게 비판한다. 일단 일본 전체의 문제점이 여기에 집약되어 있다고 생각한다.

GPIF가 이처럼 우수한 운용 성과를 거둘 수 있었던 것은 단순히 주식 비중을 늘렸기 때문이다. GPIF는 2014년 운용방식을 바꿔 주식 비중을 대폭 늘렸다. 국내 주식을 25%, 해외 주식을 25%, 국내 채권을 35%, 해외 채권을 15%(지금은 국내 채권 25%, 해외 채권 25%)로 배분했는데, 이것은 대단히 뛰어난 결단이었다. 그 후 세계 주식시장의 상승세를 타고 폭발적 수익률을 끌어낼 수 있었다. 지방은행을 비롯한 국내의 기관투자자들은 자산 운용에 시달려 적자 체질에서 벗어나지 못하고 있지만 그들도 이 방식만 따르면 무리 없이 수익을 낼 수 있었을 것이다. 은행으로써는 이러한 주식 매입 같은 모험을 할 수 없을지도 모르지만 그것은 국민의 소중한 재산을 보관하는 연기금도 마찬가지다.

GPIF가 2014년 주식 운용을 확대한 것은 전 세계 연기금의 표준적인 운용 형태를 따랐을 뿐이다. 막대한 자산 운용은 통상 주식이나 채권으로 운용할 수밖에 없고 GPIF는 주식 운용을 세계 각국이 운용하는 방식처럼 연금 총자산의 절반 수준으로 끌어올렸을 뿐이다. 이를 통해 일본인들의 자산 형성에 기여할 수 있었다.

상당수 일본인은 제로 금리 상황에서 '자산을 늘릴 수 없다'고 고민한다. 하지만 누구나 GPIF처럼 주식 매입 비율을 늘리면 큰 고민 없이 자산을 늘릴 수 있을 것이다. 은행과 생명보험·손해보험 등 GPIF를 제외한 일본의 많은 기관투자자는 주식을 사지 않고 계속 팔겠다는 지극히 부실한 방식으로 자산 운용을 하고 있다. 이런 곳에 귀중한 자산을 맡겨둔다면 영원히 자산을 늘릴 수 없을 것이다. 일본인은 사실을 확실히 보고 현실을 인식해야 한다.

일본인은 국민 전체 그리고 그것을 이끄는 지식인, 보도를 담당하는 언론과 더불어 아무래도 객관적이고 합리적으로 자산을 운용할 수 없는 것 같다. 무조건 '주식은 좋지 않고 주식투자는 나쁜 짓'이라는 생각에서 벗어나지 못한다. 일본인은 고지식한 성품을 타고나서인지 '땀 흘려 일하며 자산을 일구는 것이 올바른 길이며 주식 따위로 자산을 늘리려는 생각은 그릇된 길'이라는 의식이 강한 것이다. 이것은 철학 문제이며, 인간의 삶의 방식에도 기인하기 때문에 좀처럼 바꾸기 어렵다. 그로 인해 이런 신념을 바탕으로 일본의 많은 지식인은 '주식은 거품이며 머지않아 폭락할 것'이라는 경직된 생각을 벌써 수십 년 전부터 말해왔다.

주식의 상승 추세는 변함이 없다

한편 정부는 국민이 '저축에서 투자로' 방향을 유도해왔다. 정부는 니사(NISA) 등을 통해 주식투자에 비과세라는 인센티브를 부여해 투자 열기를 끌어올리려 하지만 일본 국민이 전혀 반응하지 않고 있다. 개인 금융자산의 절반이 제로 금리인 예금에 묶여 있는 비정상적인 상황이 지속되고 있다. 이는 객관적이고 합리적인 자산 운용이라는 관점에서 보면 이미 일본 전역의 '질병'이라고 할 수 있다.

한번 생각해보자. 일본은 2000년 이후 제로 금리를 유지해왔다. 주식의 배당 성향이 지속되고 기업들의 수익도 확대되면서 닛케이 평균지수가 7,000엔에서 3만 엔대로 상승했다. 그래도 배당은 여전히 높은 편이 평균 2% 수준을 유지하며 주가의 가치를 측정하는 PER(주가수익률)이라는 가장 보편적인 지표에서는 닛케이 평균지수는 13배라는 선진국 중 가장 낮은 수치에 머물러 있다. 그래도 일본인은 주식투자에 적극적으로 뛰어들지 않는다.

일본은행이 발표한 자금 순환 통계에 따르면 3월 말 개인 금융 자산은 1천946조 엔에 달했다. 대부분은 이자도 붙지 않는 예금이다. 상세 내역을 보면 현금과 예금은 전년 대비 5.5% 증가한 1천56조 엔, 주식 등은 32.1% 증가한 195조 엔, 투자신탁은 33.9% 증가한 84조 엔이다. 이렇게 보면 주식투자를 늘린 것처럼 보이지만 실은 지난 1년간에도 개인 투자자들의 주식은 '매도'가 많았다. 요컨대 주식보유액은 늘었지만 그것은 주가 상승을 통한 수혜였을 뿐이며 개인 투자자들의 주식 매수액은 늘어나지 않은 것이다.

한편으로 현금과 예금은 꾸준히 증가하고 있다.

참고로 2020년 전 국민에게 지급된 10만 엔의 지급금도 거의 예금 형태로 남아 있다.

이런 현실은 있지만 차츰 젊은 사람을 중심으로 변화가 보이고 있다. 특히 20, 30대는 주식이 거품 경제 붕괴로 인해 처참하게 하락했던 시절을 알지 못한다. 다시 말해 지금의 20~30대는 주식투자를 하면 자연스럽게 자산이 늘어난다는 현실밖에 모르는 세대다. 미국에서 현재 주가에 관해 거품이라는 목소리도 있지만 미국에서도 주식은 항상 상승하고 있다. 지난 몇 년이라는 단위가 아닌 제2차 세계 대전, 일시적으로 침체했던 시기가 있었지만 그때를 빼고는 일관되게 상승했다. 실제로 뉴욕다우지수는 지난 30년간 10배 이상 올랐다. 반면 일본 주가를 보면 닛케이평균은 1989년 12

월 29일, 3만 8,915엔을 정점으로 31년 지난 지금도 그때의 70% 수준에 머물러 있다. 이렇게 장기간 주가가 침체된 것은 인류 역사상 찾아볼 수 없는 일이다. 역사상 최악의 폭락이라고 불리는 1929년 뉴욕시장의 대폭락조차 그 뒤 25년을 경과하면서 주가는 고점을 갱신했다.

일본의 경우는 31년이나 지나도 이 정도 수주이다. 이런 경험을 하면 일본인들이 '주식은 하지 않는 게 낫다'는 결론해 도달하는 것이 당연할 수도 있다. 그러나 이것은 인류 역사에 없는 지금의 일본인만이 경험하는 '특이하고 비정상적인 경험'임을 인식해야 한다. 일반적으로 주식 장기투자는 수익이 난다. 경제와 기업이 성장하기 때문이다.

일본의 법인기업 통계를 봐도 일본 기업의 순이익은 코로나가 확산되기 전인 2019년 3월 사상 최고 수준을 기록했다.

그것은 2001년 3월과 비교해 7.5배에 달하는 수준이었다. 그리고 일본 기업의 2019년 3월 회계연도의 배당금은 2001년 3월에 비해 5.4배로 늘었다. 한편으로 인건비를 보면 같은 기간 겨우 3% 늘었을 뿐이다. 이것은 기업은 2000년부터 폭발적으로 수익을 확대하고 있지만 그 수익은 배당금으로 주주에게 '적극적으로 환원되고 있다'는 뜻이다. 게다가 기업은 국제경쟁력을 유지하는 관점에서 인건비를 줄이고 있다. 그 결과 일본 기업은 수익을 내고 노동자는 거의 환원되지 않고 앞서 말한 대로 주주만 그 과실을 받아먹는 구조가 되었다.

이제 누구든지 노동으로 수입을 얻는 길(급여)만을 생각해서는 안 되는 시대다. 자본에 참여(주식 매수)할 필요가 있다. 게다가 주주에 대해 보상을 주는 주주를 중시하는 상황은 더욱 가속화될 것이다. 이것은 일본인 전체의 재산인 GPIF와 같은 연금기금이 주식을 대량 보유하는 것과도 깊이 관련되어 있다. 일본 정부는 기업지배구조(Corporate Governance)라며 기업지배를 강화했고 기업은 주주에게 그 이익을 적극적으로 환원할 의무가 있다.

이렇게 현재 일본에서는 주주는 철저하게 보상을 받는 시스템이 갖춰져 있으며 그뿐 아니라 니사와 같이 소액 투자는 비과세를 해주는 제도도 있다.

20대 30대 젊은 투자자에 대한 기대감

우리는 '주식 강세 정책'이라는 국가 정책을 거스르면 안 된다. '정부 방침을 이길 수는 없으므로' 우리는 주식을 사야 한다. 국가는 원한다면 지폐를 발행하고 인플레이션을 일으킬 수도 있다. 그리고 일본의 막대한 부채는 미래의 인플레이션에 의해서만 상환될 수 있다.

이것은 어린아이도 알 수 있는 일이다. 주식투자를 독려하는 정부의 의도를 확실히 파악할 필요가 있다. 이에 나는 주식투자에 비관적인 지식인 등의 의견을 무시하고 적극적으로 주식투자를 해야 한다고 줄기차게 말해왔다.

그리고 일본의 젊은이들은 이제 적극적으로 주식을 사고 있다. 2021년 3월 말 개인 주주 수를 보면 5,981만 명으로 전년 대비 308만 명 증가했다. 과거의 실패 경험이 없는 젊은 사람이 주식투자에 적극 나서고 있다. 2020년도는 온라인 증권계좌 개설 신청 건수가 13%나 증가해 지난 5년 사이 최대치를 기록했다. 내역을 보면 20대가 40% 이상, 30대가 20%를 차지한다.

시대를 창조하는 청년들은 주식투자에 눈을 뜨고 있다. 또 적립 니사(NISA)를 보면 2020년 말 계좌 수가 300만이 넘었다. 이것은 2018년 대비 3배다. 세대주가 20대 이하이며 2명 이상인 세대가 보유한 주식과 투자신탁액은 전년보다 60% 증가했다. 바로 이 젊은 세대가 일본 주식시장을 바꾸어 갈 원동력이 될 것이다. 2020년 개인 투자자의 주식투자는 전체적으로 보면 순매도가 이어졌다. 이것은 젊은 사람이 적극적으로 주식을 사더라도 액수가 상대적으로 적고 자금력이 풍부한 고령 투자자들의 주식 매도가 이어지고 있기 때문이다.

반면 2020년 개인 투자자가 주식 전체에서 차지하는 보유 비율을 보면 16.8%로 전년 대비 0.3% 포인트 상승한 것이다. 이것은 확실히 젊은 사람들의 힘이다. 사실 개인 투자자의 주식 보유 비율은 지난 5년간 계속 감소했다. 1970년에는 개인 투자자가 전체 주식의 37.7%를 보유했다. 이후 개인 투자자의 보유 비율은 오르지 않았다. 2019년에는 16.5%였고 과거 최저 수준으로 떨어졌다. 그것이 2020년 16.8%로 겨우 0.3%포인트이긴 했지만 상승했다. 50년 만의 큰 변화였다. 이런 경향은 이제 뒤로 돌아갈 수 없을 것이다. 이것도 향후 젊은 사람이 원동력이 될 것이기 때문이다. 앞으로 투자할 때 성공체험을 반복하는 젊은이가 점점 늘어날 것이다. 그리고 투자의 주역은 당연히 시간이 지남에 따라 고령자에서 지금의 젊은 세대로 옮겨갈 것이다.

2020년은 코로나로 주가가 요동쳤지만 어떤 의미에서는 일본의

젊은이의 이용이 늘어나는 적립 니사(NISA) 계좌

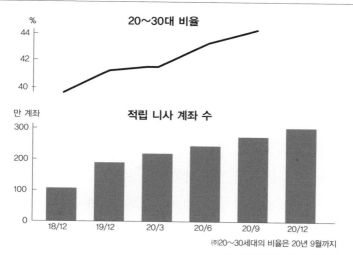

㉧20~30세대의 비율은 20년 9월까지

출처 : 닛케이신문 2021년 2월 27일

젊은이가 투자할 기회를 잡아서 주식시장을 변화를 줄 수 있는 극적인 해였다.

상승장은 계속된다

닛케이 평균지수는 2021년 7월 말 498엔이나 떨어져 2만 7,283엔이 되어 7개월 만에 최저치를 기록했다. 일본 코로나 신규 감염자는 늘고 있는 가운데 도쿄뿐만 아니라 수도권 3개 현과 오사카부 등에도 긴급사태가 선포되었다. 올림픽 개최로 국내는 메달 획득에 급급하지만 경제의 앞날에 대한 불안감이 확산되고 있는 것으로 보인다. 반면 미국의 주식시장은 사상 최고치에 육박하며 미국과 일본의 주가는 뚜렷이 대조를 이루었다.

그럼 현재 시장은 왜 침체되어 있을까? 이것은 아직 젊은 투자자의 힘이 부족하고 현재 일본 시장의 시세가 변화하는 과도기이기 때문이다. 단기적으로는 일본은행의 매수세가 거의 보이지 않는 것도 당분간 영향을 미칠 것이다. 도쿄증권거래소에 따르면 2021년 1~6월 개인 투자자의 거래 점유율은 24.8%로 사상 최고 수준이다. 개인 매수 거래에서 신용 거래 비율은 6월에만 67.8%에 달했다. 이점은 새로운 개인 투자자들의 성급함이 느껴지기도 한다. 앞으로 어려운 국면을 겪을 때가 올지도 모른다. 그럼에도 이러한 시장을 경험하면서 투자자로서 원숙해질 것이다. 현물만 꾸준히 보유하는 적립 니사 투자자도 한층 더 늘어날 것이다.

IPO와 같은 단기적인 인기는 곧 가라앉을 것이다. 한편으로 일본의 주식은 대체로 저렴하므로 꾸준히 상승 추세를 이어갈 것이다. 어쨌든 자산 운용에서 채권 운용이 거의 제 기능을 할 수 없게 되었다. 보통 채권은 이자를 정기적으로 받는 소득을 노리고 주식은 가격 상승을 이용한 시세차익을 목적으로 한다. 이것은 채권과 주식투자의 기본적인 구조다.

그러나 이제 채권은 거의 이자가 붙지 않는다. 예를 들어 일본 국채의 경우 일본은행이 10년 만기 국채를 제로 금리로 유도해서 실제로 보장 이자는 없다.

유럽은 독일 국채를 비롯한 국채가 마이너스 금리로 일본보다 더욱 심하다. 한마디로 채권 투자로 소득, 즉 이자를 받기가 매우 어려워졌다. 채권 가격이 지난 30년간 상승(금리 하락)해왔고 마침내 제로(0)에 도달한 것이다. 이쯤 되면 채권에 투자해도 재미가 없다. 이렇게 재미없는 채권에 투자하는 것이 일본의 보험과 은행업계다. 이것은 어리석은 투자이며 앞으로 금리가 상승(가격 하락)할 가능성을 고려하면 위험한 투자라고 생각한다.

게다가 주식투자에는 배당이 있다. 현재 일부 종목은 배당률이 4~5%에 육박하는 종목도 있고 닛케이평균 편입 종목의 평균 배당수익률은 2%를 넘어섰다(8월 8일 기준).

아무리 생각해도 채권투자보다 주식투자다. 게다가 주식은 주가

투자 주체별 매매 동향

드디어
개미들이
순매수로 돌아섰다

해외 투자자들도 현물 주식은 순매수

연간	개인	해외 투자가	투자 신탁	사업법인
2021	12,188	9,778	▲11,813	1,671
2020	▲8,769	▲33,635	▲23,766	12,744
2019	▲43,129	▲7,953	▲11,609	41,870
2018	▲3,695	▲57,402	14,172	25,705
2017	▲57,934	7,532	▲10,434	12,324
2016	▲29,467	▲37,212	▲3,128	22,345
2015	▲49,995	▲2,509	2,429	29,632
2014	▲36,323	8,526	▲2,104	11,017
2013	▲87,508	151,196	4,267	6,297

주식을 계속 팔다
보험사와 은행

이런 식으로 자산 운용을 해도 괜찮은가

연간	금융 기관	보험사	시중·지방은행	신탁은행
2021	▲ 29,969	▲ 2,520	▲ 3,946	▲ 22,325
2020	6,902	▲ 1,790	▲ 4,223	16,396
2019	▲ 12,418	▲ 3,980	▲ 6,861	▲ 189
2018	4,648	▲ 3,542	▲ 7,792	15,065
2017	▲ 12,072	▲ 5,709	▲ 8,649	938
2016	26,856	▲ 5,551	▲ 4,688	34,478
2015	13,744	▲ 5,840	▲ 3,094	20,075
2014	21,605	▲ 5,037	▲ 1,290	27,848
2013	▲ 57,932	▲10,750	▲ 2,829	39,664

출처 : 닛케이 베리타스 2021년 8월 1일

상승이라는 묘미가 있다.

처음에 소개한 GPIF의 2020년 수익 내역을 봐도 국내 주식 A조 6,989억 엔 이익, 해외 주식 23조 6,658억 엔 이익, 해외 채권 2조 6,738억 엔 이익, 국내 채권 2,398억 엔 손실로 국내 채권 투자만 마이너스였다. 일본은행은 당분간 제로 금리를 해제할 수 없다. 미국 연방준비제도이사회(FRB)는 기본적으로 금융완화정책을 할 것이다. 연준의 대차대조표는 2022년 말까지 약 900조 엔으로 확대된 뒤 5년간 그 수준을 유지할 방침이다. 테이퍼링(양적완화)은 대차대조표 확대를 멈추기만 할 뿐 상당한 수준을 유지할 것이다. 이처럼 대규모로 풀린 돈이 세계적으로 지속되는 상황을 감안하면 채권 투자는 거의 의미가 없고 주식투자는 계속 확대될 것이라는 분석이다.

자사주 매입으로 주식 공급이 감소하고 있다!

더 중요한 것은 주식 공급이 계속 감소할 것이라는 점이다. 원래 주식시장은 기업이 시장을 통해 자금을 조달하는 곳이다. 그런데 지금 기업들은 주식시장에서 자금을 조달하는 대신 기업이 번 돈으로 자기 회사의 주식을 사들이는 예가 늘고 있다. 이른바 '자사주 매입'이다. 이 자사주 매입은 해마다 증가하고 있다. 전형적인 예로 오늘날 수익성이 높은 기업, 이른바 GAFAM을 비롯한 거대

IT 기업을 들 수 있다. 이러한 IT 대기업은 기존의 대기업에 비해 대규모 공장이 필요하지 않으며 대규모 설비투자를 할 필요가 없다. 당연히 여유자금이 생긴다. 그 여유자금을 자사주 매입에 돌리는 것이다. 생각해보면 알 수 있는 일이다.

세계를 주름잡고 있는 GAFAM이 잉여 이익을 활용해 자사의 가치를 높이기 위해 자사주 매입을 계속하고 있으니 주가가 천정부지로 오르는 것은 당연하다.

참고로 애플, 페이스북, 구글, 마이크로소프트의 2017년 설비투자액은 약 400억 달러(약 4조 4,000억 엔)였다. 같은 해, 이 회사들의 자사주 매입액은 약 400억 달러로 설비투자와 거의 동일한 금액이다. 그런데 4년이 지난 2021년 이들 4개사의 설비투자액은 약 800억 달러(약 8조 8,000억 엔)으로 두 배로 증가한 데 비해 자사주 매입액은 1,600억 달러가 넘는 금액(약 7조 6,000억 엔)으로 4배가 늘어났다. 얼마나 자사주 매입이 활발한지 알 수 있는 수치다. 애플은 2021년 안에 800억 달러의 자사주를 매입할 예정이다. 이것은 모든 일본 기업의 자사주 매입 총액보다 크다.

그래도 일본에서도 자사주 매입은 해마다 늘고 있다. 일본에서는 지난 10년 동안 4조 엔의 자사주 매입이 실행되었다. 1년 평균 4.4조 엔이다. 그런데 2021년 자사주 매입액은 7.4조 엔으로 추정된다. 일본 기업들의 주주 환원 의식이 강해지고 있으므로 자사주 매입과 배당이 늘고 있다. 이처럼 주식투자 환경은 더욱 좋아지고 있다. 이런 식으로 기업은 번 자금으로 주식을 계속 빨아들이고 특히 일본에서는 일본은행이 매입한 시가총액 8조 엔의 주식이 일본은행의 금고에서 잠들어 있다.

이렇게 되면 주식 공급이 점점 줄어들기 때문에 주가가 오르는 것은 당연한 일이다. 앞으로 일본의 주가는 상방이 열려 급등할 가능성이 크다.

일본 기업의 배당금도 살펴보자.

이 또한 해마다 증가하고 있다. 일본 기업은 튀지 않으려고 눈치를 살피는 의식이 강하지만 정부가 주주 환원을 독려하자 적극적으로 배당 확대에 나섰다. 미쓰비시UFJ파이낸셜그룹은 '2024년 3월기까지 배당 성향(주주 환원의 적극성을 나타내는 지표)을 10%로 끌어올리겠다'고 공언했다. 지금도 이 회사의 배당 이율은 4.5%로 매우 높은 편이다. 게다가 기업청산 가치를 나타내는 PBR(주가 순자산 배율)은 0.4로 낮다. 일본에서 가장 신용도가 높은 기업이 이러한 낮은 가격에 고배당을 하고 있는데도 일본인들은 제로 금리인 예금에 막대한 자금을 넣어 두고 있다.

이것은 참으로 이상한 일이다. 올 시즌 최고이익을 예정하고 있는 미쓰이물산은 '3년간 순이익에서 차지하는 배당과 자사주 매입 총액의 비율인 총환원 성향을 평균 8% 수준으로 높이겠다'고 했다. 이같이 일본을 대표하는 대기업들이 잇따라 배당을 늘리겠다고 발표하기 시작했다. 적절한 자산 운용을 생각한다면 예금을 하고 있을 때가 아니라고 생각한다.

그래도 통화는 시장에 남아 있다!

한편 미국의 금융완화정책이 좀더 긴축될 것이라는 우려도 나온다. 구체적으로는 테이퍼링, 이른바 양적 완화를 축소해 나가는 정책이다. 미국 중앙은행인 연준은 양적완화 정책으로 매달 미국 국채를 800억 달러(약 8조 8,000억 엔), 주택담보대출증권을 400억 달러(4조 4,000억 엔) 등 총 1,200억 달러(약 13조 2,000억 엔)의 채권을 매입하기 위해 달러 지폐를 찍어내고 있다. 이것을 단계적으로 축소하다가 없애는 것이 테이퍼링이다. 이를 통해 시중에 공급하는 통화량 확대를 억제할 방침이다. 연내 테이퍼링을 시작할 것이라는 관측이 커지고 있다.

지금까지 넉넉하게 돈을 공급해 온 연준이 이를 중단하는 것에 대한 우려가 커지고 있다.

그렇지만 시장이 이것을 선반영하면 테이퍼링이 증시에 악영향을 미치진 않을 것이다. 지난 2014년 실제로 테이퍼링이 실행된 동안 미국 주식시장은 상승세를 이어갔다. 시장은 테이퍼링을 경제 과열을 억제하기 위한 적절한 정책이라고 환영했다. 이번에도 마찬가지일 것이다.

원래 테이퍼링은 통화 긴축이라고 할 수 없다. 시장에 매달 정기적으로 공급되고 있었다.

다만 시장이 이행을 미리 반영한다면 이번 테이퍼링이 증시에 악영향을 미치지는 않을 것이다. 실제로 2014년 마지막 테이퍼링 때는 미국 증시가 상승세를 이어갔다. 그 당시 시장은 테이퍼링이 과열을 억제하기 위한 적절한 정책이라고 환영했다. 이번에도 마찬가지다. 그렇지 않은가?

애초에 테이퍼링은 통화 긴축이라고 할 수 없으며, 매월 정기적으로 시장에 공급되었다.

시장은 경제 과열을 억제하기 위한 적정한 정책 자금 공급만 차단할 뿐이며 시장에 뿌려진 돈은 여전히 시장에 남아 있게 된다. 이 돈을 연준이 흡수하기 시작하면 금융 긴축이 되지만 테이퍼링은 공급을 멈출 뿐이다. 사상 유례없이 돈이 넘쳐나는 상태임에는 변함이 없다.

실제로 FRB 등 중앙은행이 일단 뿌려진 돈을 흡수하기란 매우 어려운 일이다.

예를 들어 2008년 리먼브라더스사태 이후 FRB는 양적완화 정책을 펼쳐 통화공급량을 확대했지만 이를 축소하기 시작한 것은 2017년 가을에 이르러서였다. 통화량이 줄어드는 데 무려 9년이 걸린 셈이다. 게다가 2년 뒤인 2019년 2월에는 미중 갈등이 악화되면서 다시금 감축을 중단해야 했다. 일단 통화가 공급되면 풀린 돈을 하루아침에 흡수하는 이른바 '금융정상화'라는 행위는 매우 어렵다. 양적 완화 이후 그것을 원래대로 되돌리는 '금융정상화라는 일'(이것은 '금융 완화 정책의 출구'라고 불리는데)이 출구 정책을 완수할 수 있는 중앙은행은 없었다. 양적 완화라는 금융 완화 정책은 실행할 수는 있어도 되돌릴 수는 없다.

그래서 시중에 통화가 넘치고 주식은 계속 오르고 있다. 경제 상황이 바뀌면 즉각 양적 완화 정책이 부활할 것이다. 미국 경제에서는 주가 상승이 소비심리를 뒷받침하는 측면이 있다. 증시가 무너지거나 위기감이 감돌면 단번에 소비심리가 냉각돼 경제가 침체될 수밖에 없다. 따라서 연준을 비롯한 금융 당국은 절대 공개적으로 선언하지는 않지만 주가 동향을 매우 중시하고 있다. 연준의 정책은 실질적으로 '주가 본위제'라고 해도 좋은 금융정책이 되었다. 이런 경향은 바뀌지 않을 것이다.

코로나 문제가 발생한 2020년 이후 연준은 양적 완화 정책을 통해 통화 공급을 빠르게 확대했다. 그 결과 연준의 대차대조표는 1년 반 만에 두 배로 증가했다. 이 대차대조표는 8월 초 일본 엔화로 900조 엔을 돌파했다.

이와 비슷하게 ECB의 대차대조표는 같은 기간 20% 증가해 일본 엔화로 환산하면 1,030조 엔까지 부풀어 올랐다. 일본은행의 대차대조표는 같은 기간 5% 증가한 720조 엔이었다. 이 3개 중앙은행의 대차대조표 증가세는 리먼브라더스사태 시의 3배에서 9배로 엄청난 증가세를 보였다.

위기 대응이라는 명분으로 각 중앙은행이 얼마나 단기적으로 많은 돈을 뿌렸는지 알 수 있다.

배당만으로 이익을 얻을 수 있는 시대가 왔다

이같이 금융을 완화하기는 쉬워도 긴축은 매우 어렵다. 마찬가지로 주가를 올리기는 쉽지만 주가를 하락하게 하는 것은 정책적으로 거의 불가능할 것이다. 이 책이 앞으로도 주가가 계속 상승할 가능성을 지적하는 이유다.

상장기업의 4~6월 기(期)결산은 최고의 실적을 자랑하고 있다. 기업 4곳 중 1곳이 역대 최고 이익을 기록했고 전체 산업의 총순이익은 전년 동기 2.8배로 코로나 이전 2019년 4~6월 기의 수준을 20% 높은 것으로 나타났다. 물론 일본 기업으로는 역대 최고 수준의 실적이다. 자동차와 기계가 해외 수요를 흡수했고 무역회사(상사), 철강, 화학 등은 자원과 소재 덕을 봤다. 또 해운은 시황 급등이 겹치면서 최고 이익을 냈다.

그런데도 미래에 대한 우려로 인해 닛케이평균의 PER는 12배까지 떨어졌다. 미국 S&P 500의 PER은 22배 정도다. 어느 모로 보나 일본 주식은 너무 싸다. 일본 경제가 성장하지 않는다고 하지만 애초에 일본 기업들은 미국과 중국 등 해외에서 돈을 번다. 해외의 성장이 일본 기업의 실적을 향상시키는 상황에서 일본 내의 현 상황만으로 비관하는 것은 이상하다.

코로나 델타종 확산이 심하고 세계경제의 앞날은 불투명한 것이 사실이다. 그러나 백신 접종은 일본에서 확실하게 진행되고 있다. 특히 일본의 경우 현재 빠른 속도로 백신 접종이 진행되고 있다. 이 속도라면 10월 초순에는 국민의 70% 이상이 2차 백신 접종을 마칠 것으로 추산된다. 그 시점에서 일본은 미국과 영국의 백신 접종률을 넘어설 것이다. 그렇게 되면 일본의 상황은 다른 나라에 비해 크게 달라지지 않을까? 지나치게 비관적인 일본 증시의 성장세가 두드러져도 놀라운 일이 아니다. 머지않아 해외 투자자들의 매수세가 몰리는 날이 올 것이다.

어쨌든 일본 주식은 가격이 싸기 때문에 욕심부리지 않고 배당만 노려도 충분히 수익이 날 것이다. 일본인은 대부분 예금만 하는데 이와 같은 초보수적인 자산 운용을 하면 주식이 급등하는 날 눈물을 흘릴 날이 오지 않을까 생각한다.

앞으로 자산 운용 측면에서는 주식투자를 적극적으로 하고는 사람만이 보상을 받을 것이다.

거품의 정체를 파악하라!

일본 언론은 주식에 대해 비관적인 견해만 소개하는 경향이 있다. 2021년 2월, '8년 만에 닛케이 평균이 3만 엔을 돌파했다'는 것이 큰 뉴스거리가 되었는데, 이때도 냉랭한 견해만 소개되었다.

사실 일본인 중 상당수는 주식을 보유하고 있지 않기 때문에 주가 상승 기사를 보도 별로 기쁘지 않을지도 모른다. 여전히 현재의 주가는 거품이라는 의견이 대세이지만 왜 그렇게 주가에 대해서 부정적일까? 1980년대 후반 헤이세이 거품이란 어떤 것이었을까?

누가 그 거품을 이끌었을까? 헤이세이 거품을 돌아보며 현재 왜 주가 상승에 부정적인 견해만 떠들어대고 있는지 그 요인 중 몇 가지를 짚어보고자 한다. 헤이세이 거품은 일본인의 대부분이 거품 경제에 도취해 있었다는 점에서 화젯거리가 된다. 줄리아나라는 유명한 디스코텍의 분위기와 반짝이는 조명, 모두가 신나게 춤을 추는 모습이 거품의 전형으로 소개된다. 그것은 일단 사실이다. 하지만 거품 경제 시기였던 1980년대 후반에는 땅과 주식이 비정상적으로 올랐다. 특히 땅값이 폭등하면서 서민들은 땅과 아파트가 너무 비싸서 집을 살 수 없다는 원성이 쏟아졌다. 이 때문에 일본인 전체에 '참을 수 없다'는 분노가 넘쳐흘렀다. 거품의 일면보다, 거품에 편승하지 못한 많은 이들의 '토지 거품 상태를 어떻게든 바로잡아라!'라는 소리가 일본 내에 퍼졌다. 거기서 NHK 등은 '지가를 내리려면 어떻게 해야 하는가'라는 특집을 만들어 매주 방송했다. 이 기분이 일본 전체의 분위기였다. 토지 거품을 내버려 두면 일본 사회가 무너질 것이라는 위기감도 작용했다. 일본 정부는 어쩔 수 없이 거품이 낀 상황에 대처하기 위해 정책적으로 '거품 제거' 정책을 택했다.

 정부와 금융 당국인 일본은행의 방침에 따라 일본은행은 미에노 야스시 총재 밑에서 정책금리(당시는 재할인율 인상)를 2.5%에서 6%로 1년간 6차례나 인상했다. 당시 미에노 총재는 '땅과 주식의 가격을 절반으로 줄이겠다'고 호언장담하며 강제 실행했다. 지금 돌이켜보면 거의 미친 정책을 펼친 것이다. 당시 일본의 재정을 담당했던 대장성도 이 정책에 동참했다. 또한 대장성은 '총량규제'라는 행정지도를 했다. 이것은 '부동산 대출 증가율을 총대출 증가율보다 낮게 유지해야 한다'는 실질적으로 신규 부동산 대출을 금지하는 정책이었다. 이 정책으로 토지 신화가 단숨에 무너지고 거품이 일었던 땅값이 폭락하고 심한 경우 가격이 10분의 1로 수직 낙하하는 사태가 빚어졌다. 이런 식으로 거품이 꺼지자 그 일등 공신이 된 미에노 총재는 '헤이세이 시대의 검객(平成の鬼平)'이라는 별명까지 얻으며 세상의 갈채를 받았다. 역사를 돌아보면 알 수 있지만, 이때의 일본은행과 대장성의 정책이 이후 일본 경제를 망쳐버렸다.

 그렇다면 이런 비정상적인 거품을 연출한 장본인은 정확히 누구였을까? 일부 개인 투자자와 부동산 관계자, 증권 관계자는 거품을 누렸을 것이고 거품에 편승한 개인도 적지 않았던 것이 사실이다. 그러나 당시 일본을 전체적으로 보면 거품을 누렸던 개인보다는 부정적이었던 사람이 훨씬 많았고 거품에 편승한 사람보다는 거품을 비판한 사람이 훨씬 많았다. 각종 여론과 거품에 대한 원성이 '거품 제거'라는 국책을 실행시키는 원동력이 되었다.

물론 개인들 사이에서도 주식 열풍이 일어났다. 특히 NTT가 상장한 1987년 2월, NTT 주자의 상승세에 놀라고 기뻐했던 것이 사실이다. 그 결과 주식시장은 활황을 맞았다. 상장 당시 NTT는 119만 엔이었는데 불과 3개월 만에 318만 엔까지 치솟았다. 이것이야말로 거품이었던 셈이다.

사실은 거품에 편승하지 않았던 개인 투자자들

그런데 문제는 과연 누가 이런 동향을 상징하는 비정상적 상승을 이끌었는가 하는 점이다. 주가가 크게 오르는 것은 그것을 매수하는 사람이 있기 때문이다. 예를 들면 닛케이평균 주가는 2020년 11월의 2만 4,000엔에서 2021년 3만 엔까지 눈 깜짝할 사이에 뛰어올랐다. 이것을 이끈 것은 해외 투자자의 매수세였다. 2020년 11월까지 일본 주식을 팔아치우던 외국인이 미국 대선 이후 일본 주식으로 눈을 돌렸고 무서운 기세로 매수한 것이 닛케이 평균지수를 급등시켰다. 이번 닛케이 평균 상승의 일등 공신은 해외 투자자인 것이다. 이것은 널리 보도되었고 많은 일본인이 잘 알고 있다. 그렇다면 헤이세이 거품은 누가 주역이며, 누가 무모하게 그토록 열심히 주식과 토지를 사 모은 것일까?

이것은 당시 투자자의 매매 동향을 살펴보면 쉽게 알 수 있다. 매수세가 많은 사람이 거품을 만들어냈다고는 하지만 그렇게 무모하게 비싼 값으로 계속 사들이는 것도 어리석은 일이다. 그러나 당시는 호황이었으므로 아무도 주식이 떨어질 것이라고는 생각하지 않았다. 일반적으로 헤이세이 거품은 NTT나 도쿄의 유명 디스코텍 에피소드처럼 일본의 개인 투자자가 그 중심에 있었다는 이미지가 있다. 그러나 일본의 개인들은 거품 경제를 놓고 '나는 집도 살 수 없다'며 극도로 비판적이었다고 지적하기도 했다. 그렇다면 1980년대 후반 일본 개인 투자자의 주식 매매 동향은 어땠을까?

1989년 1년을 보면 개인 투자자는 2조 6,600억 엔을 순매도했다. 놀랍게도 개인 투자자들은 거품 절정기에 주식을 팔아치웠다. 그럼 1985년부터 1989년까지 거품의 정점을 찍었던 시기를 돌아보자. 이 시기 개인 투자자는 10조 397억 엔을 순매도했다. 놀랍지 않은가? 개인 투자자들이 거품에 맞춰 춤을 춘 것 같지만 실상은 전체적으로 보면 주식을 마구 팔아치웠다. 그렇다면 이번에 닛케이 평균주가를 3만 엔으로 끌어올린 해외 투자자들은 어떨까? 거품의 최절정기였던 1989년의 매매 동향을 보면 1조 6,500억 엔을 순매도했다. 예상했던 대로라고 할 수 있다.

거품이 최고조에 달했던 1985~1989년 사이 해외 투자자들은 3조 4,487억 엔이라는 거액을 순매도했다. 거품 경제기 동안 해외 투자자들은 일본 주식을 있는 대로 팔아치운 것이다. 이를 통해 거품 경제가 진행되는 동안 일본에 있는 개인과 해외 투자자 모두 일본 주식을 놀라운 기세로 매도했음을 알 수 있다. 개인들은 토지와 주식이 너무 많이 올랐다고 분노했다. 이것이 당시 일본의 현실이자 사실이다.

그럼 대체 누가 주식을 샀을까? 연기금일까? 그렇지 않다.

일본 연기금은 주식을 전혀 매입하지 않았다. 지금과는 천양지차다. 그럼 일본은행이 매수했을까? 아니다. 일본은행은 주식이나 국채와 같은 채권을 전혀 사들이지 않았다. 일본은행이 본격적으로 일본 국채를 매입하기 시작한 것은 2000년에 시작된 양적 완화 정책 때문이었다. 그리고 시라카와 일본은행 총재 시절인 2010년부터 주식을 사들이기 시작했는데, 당시 연간 4,500억 엔에 지나지 않은 지금 생각하면 얼마 안 되는 금액이었다.

참고로 2020년 3월 폭락 시 일본은행은 하루 만에 일본 주식을 2,000억 엔이나 매수했다. 시라카와 총재의 당시 매입액이 얼마나 미미했는지 알 수 있다. 개인도 주식을 팔고 해외 투자자들도 주식을 팔고, 일본은행과 연금은 주식 매입에 나서지 않은 시기에 누가 이렇게 이례적으로 높은 가격에 주식을 계속 사들였을까?

거품 경제에 춤을 춘 은행과 보험사의 추락

바로 은행이었다! 은행은 토지와 주식의 가장 강력한 매수 주체

누가 거품 경제기에 주식을 샀는가?
거품 경제기 투자주체별 매매 동향

거품의
정체

1985~1989년
(닛케이 평균 1만 3,111엔~3만 8,915엔)

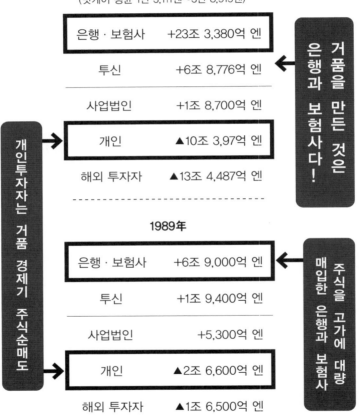

은행 · 보험사	+23조 3,380억 엔
투신	+6조 8,776억 엔
사업법인	+1조 8,700억 엔
개인	▲10조 3,97억 엔
해외 투자자	▲13조 4,487억 엔

거품을 만든 것은 은행과 보험사다!

1989年

은행 · 보험사	+6조 9,000억 엔
투신	+1조 9,400억 엔
사업법인	+5,300억 엔
개인	▲2조 6,600억 엔
해외 투자자	▲1조 6,500억 엔

개인투자자는 거품 경제기 주식순매도

주식을 고가에 대량 매입한 은행과 보험사

주: 일본은행과 연기금은 주식 매매 없음(보유하지 않음)

였다. 그리고 그 뒤를 이은 것이 보험사였다. 일본인의 금융자산을 거의 모두 흡수하고 일본을 좌지우지하던 금융의 총본산이 남아도 는 힘을 다해 토지와 주식을 계속 매입했다. 이것이 헤이세이 거품 의 정체였다!

1989년 회계연도를 보면 은행과 보험사의 주식 매수액은 6조 9,000억 엔으로 투자 주체 중 월등히 많았다. 1985년부터 1989년까 지의 총매수액은 은행이 3조 9,570억 엔, 보험사가 2조 3,810억 엔 이다. 매수가 얼마나 강력했는지 알 수 있다. 당시 은행과 보험사 는 '토지와 주식만 보유하면 된다'며 막대한 자금으로 토지와 주식 을 사들였다.

그것만으로는 성에 차지 않아 '무조건 돈을 빌려달라'고 중소기 업을 돌아다니며 영업을 했고 경영자가 '딱히 돈 쓸데가 없다'고 하 면 '주식을 사는 게 어떻겠냐'며 지금 돌아보면 무분별하기 짝이 없 는 대출을 독려했다. 이렇게 해서 은행과 보험사는 주식에 막대한 투자를 계속하고 자신들의 신용도를 이용해 토지와 주식을 사들 이도록 전국적으로 영업을 했다. 이것이 바로 헤이세이 거품 경제 의 정체다!

금융기관이 모든 힘을 동원해 직접 토지와 주식을 사들이고 그 것도 모자라 레버리지를 활용해 전국의 중소기업 경영자들에게 토 지와 주식 매입을 유도했으니 토지와 주식이 오르지 않을 수 없다. 은행과 보험사 그리고 언론이 함께 거품 경제기에 주가 상승을 부추겨 자신의 자산을 증시에 투입했다. 은행과 보험사, 언론 모두 어떤 의미에서는 일본을 좌지우지하는 존재다. 돈의 힘은 막강하고 일본 전역의 돈을 쥐고 있는 은행과 보험사의 힘은 여전히 강력하다. 그리고 언론은 일본 전역의 보도를 통제한다.

말하자면 그들은 정부와는 다른 일본의 지배자라고 할 수 있다. 거품 경제 때 그들은 주가가 내려갈지도 모른다는 생각은 전혀 하지 않았고 언론도 '주가가 하락세에 접어들 것이다'라고는 꿈에도 생각하지 못했다.

그러나 거품이 꺼지자 그들은 사들인 막대한 토지와 주식, 그에 부수되는 대출을 정리하기 위해 고민하게 되었다.

원래 고가로 구입한 토지나 주식 등은 재빨리 가장 먼저 처분해야 하지만 일본 전체를 둘러봐도 그렇게 행동한 은행이나 보험사는 하나도 없었다. 그 결과 그토록 호황을 뽐냈던 일본 금융기관은 예외 없이 파산했다.

은행과 보험사를 제칠 기회!

1989년 당시 세계 증시 시가총액 순위에서 일본의 은행사는 상위 10위권 중 대부분을 차지했다.

당시, 일본흥업은행은 시가총액 3조 엔, 스미토모은행은 9.9조 엔, 후지은행은 9.5조 엔, 제일권업은행은 8.6조 엔, 미쓰비시은행

1989년 시가총액 순위 (일본 주식)

이 시가 총액을 보라

그때 일본의 대형은행과 보험사는 이렇게 많은 주식과 토지를 보유했다

① NTT	21.5조 엔	NTT도코모와 통합
② 일본흥업은행	13.3조 엔	(현)미즈호 F
③ 스미토모 은행	9.9조 엔	(현)미츠이 스미토모 F
④ 후지은행	9.5조 엔	(현)미즈호 F
⑤ 다이이치칸교은행	8.6조 엔	(현)미즈호 F
⑥ 미쓰비시 은행	8.1조 엔	(현)미쓰비시 UFJF
⑦ 산와은행	7.7조 엔	(현)미쓰비시UFJF
⑧ 도요타 자동차	7.6조 엔	
⑨ 도쿄전력	7.4조 엔	실질적 파산
⑩ 노무라증권	6.1조 엔	
⑪ 장기신용은행	5.7조 엔	파산
⑫ 미쓰이 은행	4.8조 엔	(현)미쓰이 스미토모 F

시가총액이 늘어난 기업은 도요타가 유일하다

거품을 만들고 큰 손실을 입고 망한 은행과 보험사

하나도 남아 있지 않다!

은 1조 엔, 산와은행은 7.7조 엔, 장기신용은행은 5.7조 엔, 미쓰이은행은 4.8조 엔이었다. 이들 은행 중 지금까지 명칭이 남아 있는 은행은 하나도 없다. 장기신용은행은 파산하고 일본흥업은행과 후지은행, 다이이치칸교은행은 합병하여 미즈호파이낸셜그룹이 되었지만 현재 시가총액은 3조 9,000억 엔에 불과하다. 이는 합병 전인 1989년 당시의 3개 은행을 합친 것의 8분의 1 수준이다! 다른 은행이나 보험사도 비슷할 것이다. 그동안 얼마나 방만한 경영을 해왔는지 추궁해야 한다. 그들 은행과 보험사는 1990년부터 일관되게 주식을 팔고 있다. 당시의 악몽 같은 기억에서 벗어나지 못했기 때문이다. 연기금인 GPIF와 일본은행의 운용방식을 모방하면 상황이 바뀌었겠지만, 여전히 주식에 소극적인 자세로 매도세를 이어가고 있다. 그럼에도 은행과 보험사는 일본의 금융자산을 맡고 있다. 모든 일본인의 금융자산을 맡고 있다 보니 엄청난 기득권을 갖고 있다. 막대한 자산을 줄이면서도 일본의 시스템 내에서 이들 은행과 보험사가 압도적인 힘을 갖고 있는 상황은 변함이 없다.

금융기관이 일본 전체 주식에서 차지하는 비중은 1990년 43%라는 높은 수준에서 2019년은 29.5%로 30년 만에 크게 줄었다. 해외 투자자들이 그것을 모두 사들였다는 뜻이다.

그런데 개인 투자자 비중은 1990년 20.4%에서 2019년 16.5%로 낮아졌다. 반면 해외 투자자는 1990년 보유 비율 4.7%에서 2019년은 29.6%로 점유율이 증가했다. 이렇다 보니 주식 상승에 따른 수

그 뒤 30년 주식을 매도한 은행과 보험사

(거품 경제 시기에 비싸게 사서 그 후 싸게 팔았고,
현재 상승장에서는 매도세를 이어가고 있다)

지금까지 보유했다면 큰 수익을 냈을 텐데

(경영 책임 없음!)

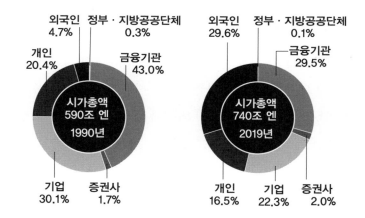

외국인
4.7%
정부 · 지방공공단체
0.3%
개인
20.4%
금융기관
43.0%
시가총액
590조 엔
1990년
기업
30.1%
증권사
1.7%

외국인
29.6%
정부 · 지방공공단체
0.1%
금융기관
29.5%
시가총액
740조 엔
2019년
개인
16.5%
기업
22.3%
증권사
2.0%

금융기관(은행과 보험사)이 보유한 주식은 급감했다!

만약 은행과 보험사가 거품 경제기만큼 주식을 보유했다면
세계를 지배했을 것(미국 은행처럼)

왜 은행과 보험사는 GPIF를 본받지 않는가!

혜를 누린 것은 해외 투자자이고 일본에서는 개인이나 은행, 보험사 모두 주가 상승의 혜택을 예전만큼 받지 못하고 있다.

일본 전체가 주가 상승에 부정적으로 느끼는 이유는 바로 이 사실 때문이다. 많은 일본인은 닛케이 평균지수 3만 엔을 그저 기뻐할 수만은 없는 상태다.

앞서 지적했듯이 일본을 지배하는 은행과 보험사들이 주식을 계속 팔고 있으므로 당연히 이번 방침에 따라 주가 상승에 부정적인 견해가 나타나는 것이다. 은행과 보험사 관계자들이 주가 상승에 냉담한 반응을 보이는 것이 그들의 입장 자체를 보여준다. 신문과 텔레비전 등 언론매체도 개인이 주가 상승의 혜택을 받지 못하기 때문에 아무래도 주가 상승에 대해서는 부정적인 반응을 보이는 것이다. 이런 한심한 상황이 일본의 현실이다.

거품을 만들어 큰 손해를 본 은행이나 보험사는 상승 기조로 돌아선 지금도 주식을 본격적으로 매수하지 않고 있다. 거품을 만든 장본인들은 여전히 주식을 팔고 있다. 이 사실만 봐도 주가 상승은 이제부터 시작임을 알 수 있다.

제 **6** 장

저자가 소개하는
유망 주식

순이익 5,000억 엔, 배당 이율 10%인 일본유센(9101)

"2022년 3월 회계연도의 연결순이익은 5,000억 엔, 배당금은 700엔이 될 예정이다."

8월 4일, 일본유센이 발표한 실적 상향 조정과 배당금 증가 발표에 깜짝 놀랐다. 7월 1일 당기순이익이 전기 대비 2.5배인 3,500억 엔에 이를 것이라고 발표했는데, 불과 한 달 만에 상향 조정한 것이다. 이익이 1,500억 엔이나 증가했다. 여기에 배당금도 700엔으로 당초 예정했던 200엔에서 대폭 인상된다. 8월 4일 기준 주가 6,930엔으로 계산하면 배당수익률은 10%를 넘는다. 이렇게 배당률이 높은 주식은 처음 본다.

해운 시황이 상당히 상승해 실적이 상향조정될 것으로 예상하긴 했지만 그래도 인상폭에 놀랐고 과감한 배당금 증액에 한번 더 놀랐다. 당초 일본유센의 2022년 3월기 당기순이익은 전 분기 대비 1% 증가한 1,400억 엔으로 예상됐다. 그 수치는 발표할 때마다 놀라울 정도로 증가하고 있다. 발표 전 이미 동종업계 상선미쓰이가 실적을 대폭 상향 수정하고 배당금도 늘린 것이 화제가 되었으므로, 상향 수정 발표는 예상할 수 있었지만 변화율은 시장을 놀라게 하기에 충분했다.

5,000억 엔의 이익이라고 하면 대기업으로써도 상당한 금액이다. 지난 8월 4일 기준 일본유센의 시가총액은 약 1조 1,700억 엔이므

로 매년 5,000억 엔의 이익을 낼 수 있다면 불과 2년 3개월간 합쳐도 5000×2.3=11,700으로 1조 1,700억 엔이 된다. 시가총액이 1조 엔이 조금 넘는 일본유센을 살 수 있는 금액이다. 이렇게 볼 때 8월 4일 기준 일본유센의 주가 6,930엔은 너무 싸다고 생각하지 않는가?

주가 가치를 측정하는 지표로 따지면 PER이 2.3배, 이른바 주가수익률이 2.3배에 이른다. 주식에 관해 잘 알거나 어느 정도 공부한 사람이라면 아주 특별한 경우가 아니면 PER 2.3배인 초저가 종목은 거의 본 적이 없을 것이다. 일반적으로 PER은 일본 주식의 경우 14~17배가 적정하다고 평가한다. PER이 15배라면 일본유센의 적정 주가는 4만 4,000엔이다. 이렇게 8월 4일 기준 주가인 6,930엔은 올랐다고는 하지만 여전히 싼 편이다.

일본유센의 주가가 많이 오른 것은 사실이다. 코로나 확산으로 증시가 급락했던 2020년 3월 일본유센은 1,091엔까지 떨어졌다. 그러다가 바닥을 치고 우상향해서 2021년 8월 4일에는 7,440엔을 찍었다. 1년 5개월 만에 주가가 7배가량 뛴 것이다.

그런데도 PER 등 이론적 가치로 환산하면 일본유센은 엄청나게 싸다. 요점은 투자자들은 이번 시즌 일본유센의 이익 수준은 지금이 최고점이며 앞으로 이 수준을 유지할 수 없을 것으로 보는 것이다. 어쩌면 이번 시즌 일본유센의 실적이 너무 좋아서 그 이후로는 이 정도로 높은 수익률을 유지하는 것이 어려울 수도 있다.

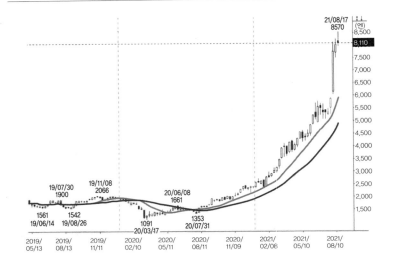

일본유센을 비롯해 가와사키기선(川崎汽船), 쇼센미쓰이(商船三井) 등 해운주가 2021년 들어 급증하는 해운 여건으로 인해 수익이 크게 확대됐다. 이들 대형 해운사는 2017년 10월, 공동 출자해 컨테이너선사인 오션네트워크익스프레스(ONE)를 설립했다. ONE은 시황 급등에 의해 막대한 이익을 누리게 되었다. 실제로 컨테이너 가격과 해운 시황이 급등했다. 해운 시황인 발틱 지수는 2020년 5월 최저치 393포인트에서 2021년 5월 최고가 3418포인트로 1년 새 무려 8.7배 뛰었다. 원래 해운·철강 등의 시황 산업은 그때의 시황에 따라 크게 출렁이는 경우가 많다. 따라서 이번 시황의 급등은 아마도 코로나로 인한 혼란에 따른 일시적인 현상이라는 관측이 우세하다. 하지만 미래는 불확실성을 갖고 있다. 과거를 거슬러 올라가 마찬가지로 해운 시황이 급등한 2007년과 2008년을 보면 발틱 지수는 11039, 11793로 놀라울 만큼 높은 수치를 기록했다. 현재 발틱 지수는 단기적으로 급등했지만 2007년과 2008년의 3분의 1 수준에 불과하다. 지금 세계정세가 매우 불안정하고 앞으로 해운 시황이 2007년, 2008년처럼 되지 않을 거라고 장담할 수도 없다. 이렇게 보면 현재 너무 싼 일본유센은 투자 매력이 충분하다고 생각한다.

해운주는 항상 시황에 좌우되었다. 과거에 일본 해운주를 이끌던 산코기선(三光汽船)이라는 대기업이 있었지만 시장 상황이 악화되면서 도산하고 말았다. 해운사는 실적이 시황에 좌우되는 숙명을 갖고 있다. 그렇지만 일본유센의 주가가 매우 싸다는 점을 고려하면 엄청난 수익을 낼 가능성도 있다. 여기에 투자하는 것도 투자 방법 중 하나일 것이다.

큰 시세를 기대할 수 있는 스미토모금속광산(5713)

오래전부터 주식투자를 해온 사람들 중 상당수는 스미토모금속광산(住友金属鉱山)에 강한 애착을 느낄 것이다. 주식은 좀 심심한 종목도 있고 화려한 종목도 있다. 현재 마더스 시장이나 IPO 등에

서는 단기적으로 크게 주가가 올라 인기를 끄는 종목도 있으며, 개
중에는 비싼 값에 그런 주식을 사들였다가 큰코다치는 투자자도
있다.

주식투자는 일종의 마력 같은 면이 있어서 상당수 개인 투자자
는 단기로 크게 주가가 움직이는 종목을 선호한다. 짧고 굵게 벌
자, 또는 한 판 승부로 대박을 노리며 투자하다 보면 대체로 잘되
지 않고 결국 큰 손해를 보는 경우가 더 많다. 그런데도 투자자는
단기 차익실현이나 시세가 확 올랐을 때의 짜릿함을 잊지 못하고
다시 움직임이 가벼운 주식에 투자해 버리는 성향이 있다. 단기 투
자는 위험하다는 원칙을 알고는 있지만 그만두지 못하는 것이다.

투자자들은 자신의 종목이 큰 시세를 내는 경험을 한 번이라도
하면 그 강렬한 기억에서 좀처럼 벗어나지 못한다. 스미토모금속광
산은 10년 전인 1981년에 큰 시세를 냈다. '마지막 상장사(투기꾼이
라는 뜻)'라는 별명으로 잘 알려진 고레카와 긴조(是川 銀蔵)가 스
키토모금속광산의 주식을 엄청나게 사들였고 203엔에서 1,230엔까
지 단번에 급등하여 일본 전역의 투자자들을 놀라게 했다.

스미토모금속광산이 개발 중인 가고시마 히시카리광산에 금이
잠들어 있는 것이 확실하다고 보고 이 회사의 주식 5,000만 주를
매집했다. '금이 나올까? 안 나올까?' 주식시장은 온통 이 화제로
떠들썩했다. '금이 어디 나오겠느냐, 나오더라도 소량일 것'이라는
의견과 '금이 꼭 나온다'는 의견이 엇갈렸다.

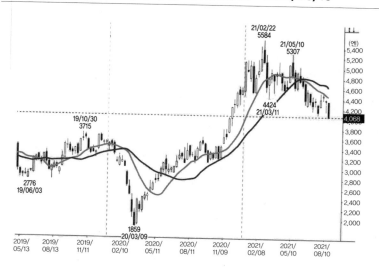

스미토모금속광산(5713/T) 주봉 2019/05/07~2021/08/16

거래량을 동반한 매매로 스미토모금속광산의 주식은 큰 인기를 얻었다. 마침내 히시카리 광산에서 세계에서도 매우 품질이 좋은 금이 산출되었다. 이 같은 뉴스가 나오자 주가는 급등세를 보였다.

고레카와 긴조가 이 종목으로 200억 엔의 수익을 냈다고 알려지면서 '화제의 인물'로 각광을 받았고 '마지막 상장사'라는 별명으로 불리게 되었다. 그는 술도 마시지 않고 검소한 생활을 좋아했다고 한다. 그가 사망했을 때는 방 두 칸짜리 아파트만 남아 있었다고 하며 주식으로 얻은 수익 대부분은 복지시설에 기부했다고 한다. 검소한 생활을 좋아하는 점은 세계 제일의 투자가라고 불리는 워런 버핏을 연상시킨다.

지금은 주식시장도 현대적이고 정교해졌다. 실적변화율이 중시되어 기업의 이익이 어느 정도 커지는지를 가장 중시한다. 이것은 주식의 관점에서는 당연한 일이지만, 과거의 스미토모금속광산의 주가처럼 번뜩이는 아이디어가 맞아떨어져 큰 시세를 내뿜는 전개가 그리울 때도 있다.

현재 스미토모금속광산의 상황을 생각하면 다시 큰 시세를 낼 가능성이 있다. 그것은 이 책에서 계속 이야기했듯이 자원 가격이 앞으로 상승할 가능성이다. 특히 스미토모금속광산이 해외 지분을 보유한 니켈광산과 구리의 권익은 앞으로 희소가치가 생길 가능성이 크다. 그렇게 생각하면 스미토모금속광산의 미래는 꿈을 실을 만하다.

스미토모금속광산은 창업 430년 된 일본에서 가장 오래된 회사다. 그 기원은 시코쿠(四國)의 벳시구리광산(別子銅山)이다. 스미토모 재벌은 구리광산의 개발과 제련사업으로 막대한 부를 쌓았다. 스미토모금속광산은 스미토모 재벌의 토대를 마련한 회사다. 그야말로 스미토모금속광산의 역사는 일본의 역사를 일부이며, 주식시장에서도 1980년대에 큰 시세를 냈다. 앞으로 어느 시점에서 일본 증시의 역사에 남을 만한 큰 시세를 낼 것이다.

오래전부터 주식시장에 투자한 사람은 스미토모금속광산을 '벳시'라는 애칭으로 불렀다. 앞으로 '벳시'가 큰 시세를 내뿜을 날이

오기를 기대한다.

도쿄올림픽에서 큰 인기를 얻은 TOTO(5332)

"Oh, My God!"

올림픽 선수촌에 여자 선수들은 이렇게 소리 질렀다. 선수들은 자기 방의 화장실 변기를 확인한 뒤 온수 세정 기능(워슈렛)에 감탄한 것이다.

일본에서는 온수 세정 변기가 당연하며 어디에나 있는 물건이다. 하지만 처음 이것을 사용했을 때는 당황하지 않았을까? 비데에 관한 영상이 많이 올라왔고 해외 팬들의 반응도 좋은 것 같다. '일본의 기술은 존경스럽다', '워슈렛은 최고', '일본의 호텔에도 워슈렛이 있다', '나도 일본에 여행했을 때 워슈렛을 보고 깜짝 놀랐다. 대단하지 않아?'라는 의견이 나왔다.

온수 세정 변기에 대해서는 토토(TOTO) 스스로 '전 세계에 판매할 수 있다'는 강한 믿음을 가진 듯하다. 온수 세정 변기는 어느 나라든 보급되기까지는 시간이 걸리지만 한 번 이용하기 시작하면 팬이 되어 사람의 수요가 지속된다. 이 점을 확신한 나는 시간이 날 때마다 토토를 소개했는데, 주가는 오르긴 하지만 완만한 상승세를 이어갔다.

현재 미국에서의 워슈렛 판매량은 큰 폭으로 늘어나고 있다. 일

토토(TOTO, 5332/T) 주봉 2019/04/15~2021/08/16

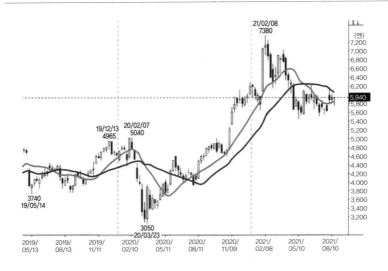

본 국내에서의 수요는 어느 정도 포화 상태이지만 미국 매출이 증가하고 있고 아시아에서도 더욱 늘어날 것이다. 토토는 신중기경영계획에서 2023년도 매출액 6,900억 엔, 영업이익 600억 엔을 목표로 하고 있다. 그리고 워슈렛 확산을 목표로 해외 공장을 늘려 3년 내에 1,650억 엔을 투자할 계획이다. 배당금도 늘릴 예정이다. 신중기경영계획은 달성할 수 있다고 생각하며 실적 확대에 더욱 가속도가 붙을 것이다. 위생기기라는 화려한 맛이 없는 업종이지만 필수품이기도 하며 이런 필수품을 취급하는 회사는 전 세계에서 꾸준히 매출을 늘려갈 것이다.

주가를 올릴 생각이 별로 없는 아스카제약HD(4886)

아스카제약홀딩스(HD)가 지난 2021년 8월 2일 발표한 4~6월의 영업이익은 1억 8,800만 엔이었다. 당초 회사가 발표한 2022년 3월 영업이익 추정치는 5억 엔이었다. 4~6월인 3개월 동안 연간 예상이익에 대해 얼마나 이익을 냈는지 보면 무려 진척률 88%라는 경이로운 수치를 보인 것이다. 통상 4월부터 6월까지 3개월이면 1년, 즉 12개월의 4분의 1이므로 25%의 진척률이 보통이다. 그런데 88%가 되었으니 당연히 연간 영업이익을 상향 조정해야 한다. 그러나 회사 측에서는 아무런 발표가 없었다.

사실 아스카제약HD는 보수주의를 초월해 이상하리만큼 실적을 낮게 보이려고 하는 기업이다.

이 기업은 2021년 3월기의 영업이익 예상치를 3억 엔으로 발표했었다. 그런데 뚜껑을 열어보니 5억 엔이었다. 너무 차이가 난다. 그리고 이번에는 연간 영업이익 예상을 5억 엔으로 공표했지만 석 달 만에 2억 엔 가까운 이익을 낸 것이다.

상장기업으로써 공시를 내는 방법은 약간 문제가 있다고 생각하지만 회사가 '눈에 띄지 않고 주가를 올리지 않으려는' 이유가 있을지도 모른다.

보통 부실기업은 비록 지금은 실적이 저조하지만 앞으로 개선될 것으로 생각하게끔 예상이익을 크게 잡아서 발표한다. 투자자를

아스카제약홀딩스(4886/T) 주봉 2021/04/01~2021/08/16

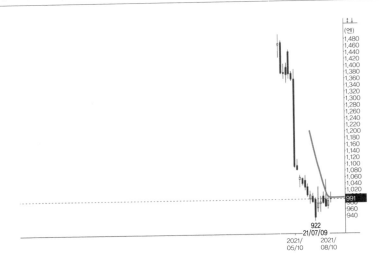

아스카제약(4514/T) 주봉 2018/12/10~2021/03/29

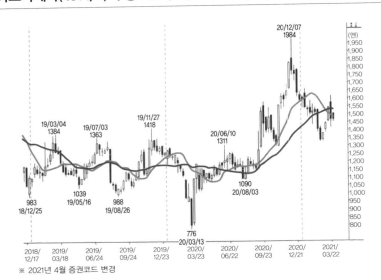

※ 2021년 4월 증권코드 변경

속여 자사의 주가를 높이려는 의도다. 이런 회사는 악질적이므로 멀리하는 것이 좋다. 그런데 반대로 어떤 회사들은 회사가 돈을 벌고 있다는 것을 공개하거나 눈에 띄는 것을 경계한다.

이익을 숨기려는 회사는 건설사나 대기업 계열 자회사 등 다양하다. 건설사에서 돈을 벌면 계약금액을 줄여달라는 요청을 받게 된다. 대기업 계열의 자회사는 보수적인 실적 전망을 내놓으며 실적 하향조정을 피하려 한다. 그리고 대체로 이렇게 주가를 올리지 않으려는 회사의 주가는 오르기 어렵다.

아스카제약 HD도 회사의 예상대로 주가가 부진하다. 1분기에 88%라는 진행률이라면 향후 실적을 대폭 상향 조정할 수밖에 없을 것이다. 특히 자궁근종제 레루미나 판매가 주목된다. 이 약은 다케다약품이 개발했지만 세계 최초의 경구용 의약품으로써 매출이 늘고 있다. 고혈압 치료제인 칸데사르탄 판매도 호조를 보였다. 아스카제약 HD는 자사주 매입도 발표했다. 회사 측의 발표 실적 예상치와의 괴리가 너무 크기 때문에 향후 주목받을 때가 올 것으로 생각한다.

순이익 6,400억 엔을 예상하는 미쓰이물산(8031)

"2022년 3월기 당기순이익은 6,400억 엔으로 예상된다."

8월 3일, 미쓰이물산은 2021년 분기 순이익을 전기 대비 91% 증

가한 수치로 대폭 상향 조정할 것이라고 발표했다. 6,400억 엔이라는 이익 수준은 상사 업계 사상 최고치다. 철광석과 구리 가격 상승이 한몫했다. 이번 상향 조정은 시장 가격만 재검토해서 반영했다고 하니 향후 추가 상향 조정도 기대할 수 있을 것이다. 이와 함께 미쓰이물산은 뛰어난 실적에 걸맞게 최대 500억 엔의 자사주를 매입하겠다고 밝혔다. 발행 주식의 1.8%에 해당하는 3,000만 주를 상한으로 매입한다고 한다.

이들 상사주는 2020년 9월에 열린 아사쿠라 게이의 세미나에서 자세히 설명했다. 이 내용은 2021년 2월, 아사쿠라 게이의 유튜브

채널에서 무료 공개되었다. '거품이 꺼질 때 상사주를 주목하라! 이 것이 버핏의 진의다!'라는 제목으로 소개해 1만 명이 넘는 조회 수 를 기록했다.

여기서 상사주가 상당히 상승할 가능성을 언급했는데, 지금 확 실하게 그 방향으로 움직이고 있다. 역시 세계 제일의 투자자 워런 버핏이 왜 일본의 상사주를 대거 사들였는지 생각하는 것이 중요 하다. 환경 문제가 전 세계의 관심을 끌고 있지만 당장 신재생에너 지로 전환할 수는 없다. 지금 세계는 어떻게든 화석 연료에 의지할 수밖에 없다. 그에 관해서는 이 책에서도 자세히 설명했다. 당연히 천연가스의 권익을 다수 보유한 일본 상사들이 점점 주목받게 될 것이다. 미쓰이물산뿐 아니라 미쓰비시상사와 마루베니도 주목받 을 것이다.

의료 IT화를 선도하는 빅데이터 사업 JMDC(4483)

최근 몇 년간 일본 마더스 시장에서도 시가총액 1,000억 엔을 넘 어서는 등 향후 큰 도약을 예고하는 종목이 늘고 있다. JMDC도 그중 하나다. 동사는 노리쓰강기(7744)의 자회사다. JMDC는 건강 보험조합 600만 명의 의료 데이터를 익명 가공해 제약·보험사 등 에 제공하는 헬스 빅데이터 사업을 중심으로 의료기관에 원격 화 상 진단 서비스 및 전자 약력 등 조제 약국을 위한 업무 지원 서비

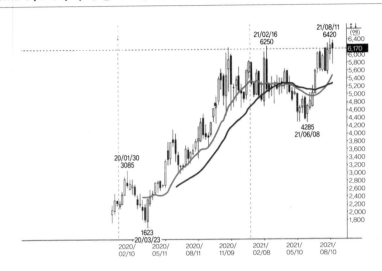

스를 제공한다.

사업 내용을 보면 확실히 의료의 IT화를 가속화하는 비즈니스이며 JMDC는 현재 의료 분야를 선도하는 기업이다. 크나큰 잠재력을 느끼게 하는 것은 수익을 내는 시스템이다.

IT산업이 비약적으로 돈을 버는 이유는 고정비가 일정하므로 매출이 늘면 이익이 크게 증가할 수 있기 때문이다. 데이터 판매는 그 점에 가장 부합하는 내용으로 고정비는 일정하고 데이터를 취득하는 고객이 증가할수록 이익이 가파르게 증가한다.

지속적으로 확대되는 의료비는 늘 국가 재정을 압박하는 요인으로 작용했다. 이 끝없는 의료비 증가를 막으려면 의료 빅데이터를 이용하여 효율적인 의료 시스템을 만들어야 한다.

핵심은 IT화다. 그런 의미에서 JMDC는 일본의 의료 현대화를 선도하는 회사라고 할 수 있다. 빅데이터 활용은 시대적 요청이며 JMDC와 제약사, 보험사 등과의 거래액이 확대되고 있다. 1사당 연간 거래액도 눈에 띄게 늘었고 특히 대형 제약사와 보험사 이용량이 늘었다.

동사와 같은 IT 신생기업의 장래성과 잠재력을 측정하려면 매출이 얼마나 지속적으로 증가하는지 파악해야 한다. JMDC의 매출은 2018년부터 3억 엔, 100억 엔, 121억 엔, 167억 엔으로 꾸준히 증가하고 있다. 게다가 2022년에는 210억 엔, 2023년에는 265억 엔이 될 것이라는 전망도 있다. 이 같은 매출 성장세가 지속되는 한 JMDC의 미래는 밝다. 시가총액은 이미 3,000억 엔(8월 10일 기준)을 넘어 매출의 10배가 넘는다.

시장은 그만큼 높은 성장력을 평가하고 있지만 어디까지 발전해 나갈 수 있을지는 관찰해 볼 필요가 있다.

신재생에너지를 꿈꾸는 기업 이렉스(9517)

'신재생에너지를 핵심으로 우리는 새로운 전력 시대의 선구자가 될 것이다.'

이런 멋진 비전을 내걸며 이렉스(eREX)는 신재생에너지의 선도기업을 목표로 한다. 이 문구가 사실이라면 정말 좋겠다는 생각이 드는데, 사실 동사는 일본이나 전 세계 에너지 산업에 획기적인 혁신을 일으킬 잠재력을 가진 기업이다.

1999년 설립된 젊은 회사로 전기 소매업을 시작했다. 이 회사가 크게 발전하기 시작한 것은 바이오매스 개발에 힘쓰면서였다. 2013년 이렉스는 고치현 고치시에 도사발전소를 설립, 바이오매스 발전소로 가동을 시작했다. 이후 오이타, 이와테 등 일본 전국에 5기의 바이오매스 발전소를 운영하게 되었다. 때마침 탄소중립 흐름을 타고 매출이 계속 증가하고 있다.

이렉스는 2018년 469억 엔, 2019년 658억 엔, 2020년 886억 엔, 2021년 1,418억 엔으로 해마다 10%가 넘는 기세로 매출이 늘고 있다. 이에 따라 당기순이익도 2018년 30.3억 엔, 2019년분 27.6억 엔, 2020년 45.1억 엔, 2021년 62.8억 엔으로 꾸준히 증가했다. 무엇보다도 현재 국가의 가장 중요한 탈탄소화 정책과 맥락을 같이한다는 점에서 시대의 수혜자라 할 수 있다. 신재생에너지라고 하면 일반적으로 태양광이나 풍력이 떠오르지만 바이오매스 발전도 만만치 않다. 태양광과 풍력은 날씨에 좌우되어 발전량이 안정적이지 않지만 바이오매스 전력은 그렇지 않다.

문제는 바이오매스 발전의 재료인 식물을 확보할 수 있느냐다. 실은 바이오매스 발전의 성공 요건은 발전원가의 60~70%를 차지

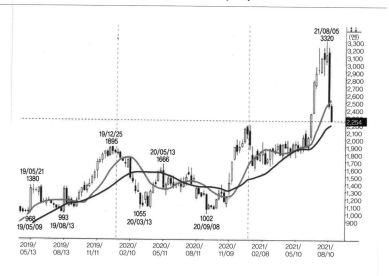

이렉스(9517/T) 주봉 2019/04/08~2021/08/16

하는 소재 확보가 꼽힌다. 이와 관련해 이렉스는 연료가 되는 식물을 자체 재배하고 있다. 동사는 '새로운 수수(new sorghum)'라는 식물을 베트남에서 재배한다. 이 식물은 빠르게 자라 1년에 3번까지 수확할 수 있다. 게다가 다른 바이오매스 연료보다 20~30% 싸게 조달할 수 있다. 회사 측에 따르면 이 '새로운 수수'를 2020년대 초반 연간 200~250만 톤 생산하는 것이 목표다. 이렇게 되면 대형 바이오매스 발전소 10기분의 재료로 활용할 수 있다.

그리고 주식시장을 놀라게 한 것은 석탄발전소를 인수해 바이오매스 발전소로 전환하겠다는 발표였다. 이 회사는 대형발전사로부터 석탄발전소를 인수해 분쇄기 등 전용 장비를 증설하고 처음에는 석탄에 30%의 바이오매스 연료를 섞어서 전력생산을 시작하겠다고 설명했다. 이렇게 서서히 석탄발전소를 바이오매스 발전소로 점차 전환할 계획이다.

이것은 매우 강한 인상을 줄 수 있는 이야기다. 발전소를 건설하려면 보통 5년 가까이 걸린다. 발전소 인수로 해결할 수 있다면 시간과 비용 절감 효과가 대단히 크다. 또한 발전비 자체를 1킬로와트로 추산할 경우, 석탄에 수수를 30% 섞으면 8.7엔, 수수 60%를 섞으면 9.9엔, 수수만 연소시키면 11.4엔이다. 일반적인 바이오매스의 발전원가는 20엔이므로 새로운 수수를 사용하면 원가가 현저히 저렴해진다. 덧붙여서 석탄을 단독으로 태우면 킬로와트당 6.8엔으로 저렴하지만 시류에 맞지 않다.

이로 인해 석탄발전소 인수가 차례로 실현되면 힘차게 변화할 수 있는 상황이 된다. 이는 현재 세계적인 탈탄소화 추세에서 석탄발전소는 폐지 방향으로 움직이기 때문이다.

석탄발전소 자체가 좌초된 자산으로 간주되어 향후 세계 각지에서 투매로 나올 것이다. 그래서 이렉스는 자신이 원하는 석탄발전소를 헐값에 살 수 있을 가능성이 크다. 이들 발전소가 신재생에너지를 만들어 내는 바이오매스 발전소로 깨끗하게 전환된다면 환경적 이점이 상당히 커져 국가도 적극적으로 지원하게 될 것이다. 불필요해진 석탄발전소가 잇따라 초저렴한 안건으로 채택되고 그것이 바이오매스 발전으로 전환할 수 있다면 일렉스의 이익은 비약적으로 확대될 것이다.

2021년 8월 10일, 이렉스는 4~6월의 실적을 발표했다. 영업이익은 11억 엔으로 시장 예상치인 8억 엔에 크게 밑돌았고 그 결과 주가가 급락했다. 이렉스는 전기 소매 사업을 하고 있지만 일본도매전기거래소 조달 비용이 예상보다 증가했다고 한다. 이것은 전기소매업자의 약점이다. 자가발전으로는 부족한 전력을 확보하기 위한 비용이 커질 수 있다.

하지만 현 단계에도 해마다 매출이 10% 이상 성장하고 있으며, 석탄발전소에서 바이오발전소로써의 전환이 궤도에 오르면 폭발적인 발전이 될 수도 있다. 신재생에너지 관련 중에서도 꿈이 있는 종목으로써 주목해 보고 싶다.

점포 설계에서 건축까지 자사에서 완결하는 요식스(3221)

향후 코로나 수습을 예상하여 경제활동이 코로나 이전의 상태로 돌아간다면 다양한 업종과 종목이 상당히 상승할 것이다. 그 경우 미쓰코시, 이세탄 등 백화점주를 노릴지, 전일본공수와 일본항공 등 항공주 또는 JR 동해와 JR 동일본 등 철도주를 노릴지, 아니면 요식업인 이자카야 체인점을 노릴지, 각자의 관점에서 살펴보는 주식이 있을 것이다. 코로나 자체는 경제에 타격을 줘서 사람들이 힘들어하고 있지만, 투자라는 관점에서 보면 비교적 알기 쉬운 기회가 퍼져 있다. 경제가 코로나 이전으로 돌아간다면 코로나에서 큰 타격을 입은 업종이나 종목을 집중적으로 투자하면 된다.

그런데 현실에서는 이게 쉬운 일이 아니다. 가장 타격을 받은 업종은 항공사와 요식업, 특히 술집이므로 이들 중 가장 크게 떨어진 종목을 매수할 수도 있다.

그러면 코로나 이후 실적이 회복되어 주가가 원래대로 돌아올지도 모른다. 그래서 그런 종목을 노리고 매수하기로 했다고 하자. 그래서 백화점주나 항공주, 철도주, 음식료 관련 주식을 많이 사들였다고 하자. 사실 예상대로 경제가 코로나 이전으로 회복된다해도 그 주식들이 정말 예전 주가로 돌아갈지는 장담할 수 없다.

왜 그럴까? 요식업의 수익이 원래대로 돌아간다면 요식업 종목의 주가도 원래대로 돌아간다는 단순한 논리를 따르지 않기 때문이다. 다시 말해 그 회사에 코로나 이전과 이후로 변화가 생기기때문이다. 어떤 변화일까? 이것을 내 일이라고 생각하고 생각하면 알기 쉽다. 현재 코로나로 수입이 급감하거나 거의 없어진 사람도 있을 것이다. 다행히 정부가 지원금을 배포하고 은행이 정부의 요청에 따라 대출을 쉽게 해준 곳도 많을 것이다.

문제는 이것이다. 어려운 업종은 코로나 위기에 의해 대출이 폭발적으로 늘어났다. 받은 자금은 그나마 낫지만 빌린 자금은 갚아야 한다. 다시 말해 코로나 위기 시의 매출 감소로 어렵게 견뎌낸

요식스홀딩스(3221/T) 주봉 2019/04/08~2021/08/16

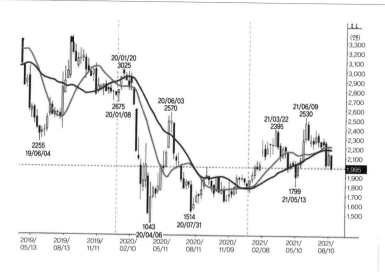

다음에는 빌린 자금을 상환해야 한다. 이것이 회사에 따라서는 엄청난 금액일 수도 있다.

사실 1990년 초부터 시작된 거품 붕괴로 막대한 부채를 떠안고 있는 일본 기업이 적지 않다. 그래서 돈을 벌어도 막대한 부채로 인해 좀처럼 경영상태가 회복되지 않아 오랜 시간 주가가 정체되어 있다.

거품 경제 붕괴는 일본 경제를 괴롭혔다. 은행, 보험사, 부동산 업체, 건설사 혹은 재테크에 집중한 회사 등, 상당수의 일본 기업은 거품 경제 이후 빚을 갚기에 급급했고 결국 일본 경제는 장기

침체에 빠졌다. 건설사, 부동산 회사도 아무리 실적이 좋아도 주가가 기대만큼 오르지 않는 시대가 지속되었다. 사상 최대 이익을 내도 주가가 생각만큼 오르지 않았다. 빚의 굴레에서 벗어나지 못했기 때문이다. 앞으로 코로나 이후 회복 과정에서 과도한 부채 상환에 시달리는 기업이 많이 나올 것이다.

이렇게 실적이 극적으로 회복되거나 엄청난 이익을 내지만 주가가 오르지 않았던 사례는 아사쿠라 게이의 세미나 유튜브, 2020년 5월 6일 개최된 '이것이 바로 투자 방법! 버핏은 왜 항공주를 팔았는가? 전대미문의 금융 재정 정책을 보라!'에서 자세하게 설명했으니 관심이 있는 분들은 참조하기 바란다. 최대 이익을 내면서 주가가 오르지 않는 사례가 많았던 점을 자세히 설명하고 종목 선정의 핵심 포인트에 대해 이야기했다.

쉽게 말해서 이처럼 매출이 급감하는 가운데 회사 빚이 늘었다는 것은 그 회사의 가치가 떨어졌다는 뜻이다. 부채가 늘어나면 적극적인 투자가 불가능하다. 빚 갚는 데 손발이 묶이는 셈이다. 따라서 코로나 이후 수익 회복 과정을 고려할 때 코로나로 큰 타격을 입은 업종이나 종목군 중에서는 투자해야 할 회사는 재무 체질이 튼튼한 종목이 좋다. 예를 들어 도쿄 디즈니랜드가 폐쇄되어 있어도 오리엔탈랜드의 주가가 별로 떨어지지 않는 이유는 탄탄한 재정 상태 때문이다. 도쿄 디즈니랜드를 운영하는 오리엔탈랜드는 디즈니랜드가 개장하면 순식간에 본래 수준의 수익을 낼 수 있다.

그런 의미에서 요식업인 이자카야 중에서도 재정이 탄탄하다는 관점에서 요식스를 이야기해 보겠다. 요식스는 2014년 상장 이전부터 실질적으로 무차입 경영을 하고 있으며 재무 상태가 양호한 것으로 알려졌다.

요식스는 나고야에 본사를 둔 이자카야 체인점으로 초밥 이자카야인 '야다이즈시'와 전 품목 280엔으로 저렴한 이자카야 '니파치', 닭고기 철판구이 이자카야인 '야키토리덴판' 등 직영점을 중심으로 다양한 업종에서 요식업을 운영한다.

이자카야 레스토랑 체인은 1인당 평균 단가가 2,500엔 이내가 아니면 단골을 늘리기 어렵다고 한다. 그 때문에 동사는 1인당 2,000엔에서 3,000엔 정도의 합리적인 가격 설정으로 외식 서비스를 제공한다. 설계부터 건축까지 모든 것을 저렴한 비용으로 자사에서 책임지는 독특한 시스템으로 30~40평 정도의 중소형 점포를 꾸준히 개점하고 있다.

2010년부터 꾸준히 점포 수를 늘려가다가 2021년 3월기에는 코로나의 영향으로 첫 점포 감소를 기록했다. 하지만 2022년 3월기에는 다시 점포 증가세가 이어질 것으로 전망된다. 코로나 확산세가 진정되면 재빨리 고성장 노선으로 복귀할 수 있을 것이다. 요식스는 코로나 이후 이자카야 업종의 승자가 될 것 같다. 특히 북간토 지역을 비롯한 일본 동부에는 아직 지명도도 낮고 출점되지 않은 지역이 많으므로 향후 성장할 여지가 충분하다.

적자 결산 후 주가 급락을 노리는 테크노호라이즌(6629)

어느 종목이든 그 회사의 실적을 전망하는 방식과 주가 움직임에 회사 특유의 패턴이 있다. 예를 들어 일본 기업들은 일반적으로는 예상 실적을 극도로 보수적으로 내는 경향이 있다. 그런데 간혹 그와 반대로 과감한 실적 전망치를 내놓는 회사도 있다. 이렇게 회사들의 IR 방식과 그 회사 특유의 행동 패턴을 알면 투자하는 데 도움이 된다.

테크노호라이즌은 1분기인 4~6월에는 대부분 적자를 내고 그 후 수익을 확대하는 경향이 있다. 어떤 회사건 홍보비를 투입하는 시점이나 경비를 사용하는 시기, 매출이 나는 시점에서 나름의 일관적인 패턴이 있다.

분기별 시적 발표를 하면 그 회사 특유의 패턴을 알 수 있으며, 이것은 그 회사의 주가 움직임에 영향을 미친다.

그리고 테크노호라이즌의 경우, 거의 1분기는 적자를 내고 그 후 2, 3, 4분기로 갈수록 수익이 확대되는 경향이 있다. 그러면 테크노호라이즌을 투자하는 방식으로는 1분기에 적자를 냈을 때 주식을 매수하고 그 후 실적 회복을 기대하면서 주가 상승을 기다리는 투자 스타일이 바람직하겠다.

테크노호라이즌은 거의 1분기 결산 시 적자를 내기 때문에 강한 매도세가 들어와 크게 하락하는 경향이 있다. 당연히 그 후 반

테크노호라이즌(6629/T) 주봉 2019/04/08~2021/08/16

등폭도 상당히 크다. 이렇게 매번 실적 보고 시 같은 움직임을 보이는 동사 특유의 움직임은 투자자에게 쉬운 투자방식으로 인식될 수도 있다. 이 회사의 주가 차트를 보면 알 수 있듯이 적자 결산을 발표한 뒤 주가가 급락할 때를 노려서 매수한 다음 진득이 기다리는 투자를 하면 좋은 결과를 낼 수 있을 것이다.

실제로 테크노호라이즌은 꾸준히 실적을 증가시키고 있다. 매출 추이를 보면 2019년 196억 엔, 2020년 223억 엔, 2021년 268억 엔, 당기순이익은 2019년 6억 엔, 2020년 13억 엔, 2021년 21억 엔을 기록했다. 이렇게 수익과 이익을 증대해가는 회사의 경우 기본적으로는 매출 증대를 확인하면 다시 이익이 사상 최대를 갱신하는 패턴을 보인다. 테크노호라이즌은 교육 현장이나 세미나에서 자주 사용되는 캘리그라피 카메라를 취급한다. 이것은 문자와 입체적인 사물을 칠판 등에 투사하는 장비다. 또한 전자칠판, 보안카메라, 차량용 카메라도 취급한다. 이러한 영상 및 IT 비즈니스는 계속 성장하고 있다. 이밖에도 자동화 및 인건비 절감 수요에 맞춘 FA 관련 장비를 취급하는 로보틱스사업도 활발히 운영한다.

무엇보다 코로나로 인해 화상회의와 온라인 비즈니스 상담이 증가하고 있다. 일단 온라인상에서 다양한 교육이나 사업을 해보면 기존 방식으로 돌아갈 수 없을 정도로 편리함을 느낀다. 그런 의미에서 테크노호라이즌의 사업은 시대에 부합한다고 할 수 있다. 그래서 성장세를 이어가고 있다.

테크노호라이즌이 1분기에 적자를 내는 이유는 학교 수업이 장기간 없는 방학 때 전자칠판 등을 도입하는 경우가 많기 때문이다. 그런 의미에서 이 회사의 1분기 적자는 항상 반복되며 적자가 났다고 해서 주식을 마구 파는 방식은 어리석은 행동이다. 한편으로는 이렇게 당연히 적자 실적이 뻔한데도 매도세로 인해 주가가 하락하는 것을 투자 기회로 인식할 수 있다. 테크노호라이즌의 주가 패턴은 항상 비슷하기 때문에 투자대상으로 삼기 쉽다.

테크노호라이즌은 2020년 최고가인 7월 5일 2,262엔에서 2021년 1분기 적자 실적이 발표되자 1,000엔(5% 하락) 가까이 급락했다가

8월 5일에는 1,241엔이 되었다. 이 주식의 움직임을 이해하지 못해서 일어난 '과매도'였다고 생각한다. PER이 8배를 깰 때까지 매도세가 이어졌지만 다시 고가를 회복할 가능성이 큰 종목이다.

덧붙여 2020년은 7월 28일 최고가 1,095엔에서 8월 30일 적자결산을 거쳐 하한가를 기록해, 8월 4일 788엔으로 단기에 28% 가까이 폭락했다. 또 2019년에는 7월 25일 555엔에서 마찬가지로 적자 결산으로 인해 하한가가 되었으며 8월 2일에는 399엔으로 떨어졌다. 이때의 하락률도 28%이다. 이런 실적 발표로 인해 사람들이 주식을 매도했을 때 매수하면 테크노호라이즌에 대한 투자 효과를 훨씬 높일 수 있다.

소형 굴삭기로 해외 매출 비중 97%를 차지하는 다케우치제작소(6432)

'미니 굴삭기의 벤츠'라는 말을 듣고 다케우치제작소를 떠올리는 사람은 주식시장에 꽤 밝은 사람이다. 일반적으로 유압굴삭기라고 하면 대형 건설 기계를 떠올린다. 고마쓰나 쿠보타, 캐터필러와 같은 건설 현장에서 사용하는 대형장비다. 그런데 다케우치제작소의 굴삭기는 소형이다. 일반적으로 주택가와 좁은 도로에서 활약한다. 유럽에서는 구도심과 좁은 길이 많으므로 다케우치제작소의 소형 굴삭기가 활약하는 곳이 많다.

다케우치제작소는 원래 구보타의 OEM, 즉 쿠보타의 이름으로 해외에서 동사가 제조한 굴삭기를 판매했는데, 평판도 좋고 수요가 많아 독립적으로 자사 이름을 붙인 제품을 판매하게 되었다.

다케우치제작소의 굴삭기는 대부분 나가노 현 하니시나 군 사카키에서 생산되며 대부분 해외로 수출된다. 해외 매출 비율이 무려 97%다. 말하자면 다케우치제작소는 해외에서만 벌어들인다는 얘기다. 그만큼 다케우치의 미니 굴삭기는 해외 시장에서 압도적인 인기를 누리고 있다. 일본 국내에서는 고마쓰나 쿠보타의 인지도가 더 높고 굴삭기 판매에 치열한 경쟁을 벌여야 한다. 하지만 다케우

다케우치제작소(6432/T) 주봉 2019/04/08~2021/08/16

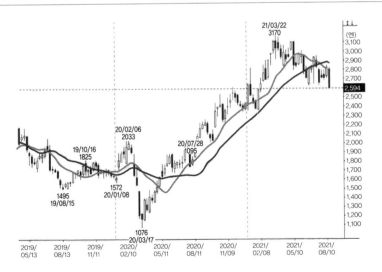

치제작소는 해외에서 압도적으로 인기가 있으므로 제품을 비싸게 팔 수 있다. 이점에 초점을 맞추어 판매하는 정책은 타당한 기업 전략이다.

현재 미국과 유럽 등지에서는 코로나로 인해 재택근무가 활발해졌고 그 영향으로 주택 건설 붐이 일어났다. 주택을 만들면 부수적으로 주택 주변의 수도와 가스관 공사의 수요가 증가한다. 현재로써는 2022년 2월기의 회사 측이 추정하는 연간 영업이익은 121억 엔으로 이익이 감소할 것으로 전망된다. 하지만 수주가 잘되고 있는 것으로 보여 상향 조정할 가능성이 크다.

당사의 애널리스트 에구치는 상반기 영업이익 90억 엔, 하반기 70억 엔으로 연간 160억 엔의 이익이 발생할 것으로 전망했다. 그렇게 되면 주당 이익은 245엔이다. 주가는 8월 1일 기준 2,700엔 정도여서 저렴하다고 생각된다.

당뇨병 치료제로 기대를 모으는 소세이그룹(4565)

소세이그룹이라고 하면 옛 기억을 떠올리는 사람도 많을 것이다. 이 그룹은 한때 마더스 시장을 주도했던 스타 주식이었다. 역동적인 움직임으로 많은 투자자를 매료시켰다. 2015년 5월부터 2016년 5월에 걸쳐 큰 시세를 냈다. 720엔에서 오르기 시작한 소세이그룹은 계속 우상향해 6,545엔까지 올랐고 불과 1년 사이에 10배 가까

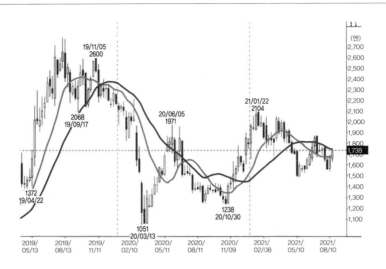

이 오른 것이다. 그때 많은 개인 투자자가 참여해 막대한 수익을 올렸다.

바이오 주식의 가장 흥미로운 점은 역동성이다. 바이오 관련 내용을 일반인을 잘 이해하기 어렵다. 그러나 바이오 관련주는 한 번 맞히면 이른바 '대박'이 날 수도 있기 때문에 큰 꿈을 갖기 마련이다. 특히 소세이그룹처럼 마더스 종목에서 획기적인 신약을 개발하는 데 성공한다면 열 배, 백 배로 오를 수도 있다. 이런 점은 개인 투자자가 거부할 수 없는 매력이다.

하지만 바이오주는 적자로 전환하는 일도 많으므로 오히려 큰 손해를 볼 수도 있다. 말하자면 마더스 시장의 바이오주는 고위험, 고수익이라는 점에서 일반 투자자들에게는 위험하지만 아주 매력적인 종목이다.

소세이그룹은 8월 10일 기준 2016년 최고치인 1,500엔의 거의 5분의 1 수준이다. 매출은 순조롭게 성장하고 있지만 이익이 폭발적으로 늘지는 않고 있다.

소세이그룹은 다국적 제약사 로슈그룹의 제넨텍(Genentech) 사장이었던 다무라 신이치가 설립했다. 제약 벤처기업이지만 천식약 판매 로열티로 흑자를 내고 있다. 다만 천식약은 앞으로도 매출이 크게 늘어나는 제품은 아니다.

천식약은 소세이그룹의 안정적인 수입원이지만 지금보다 더 크게 반향을 불러일으키기는 어려울 것이다.

그러나 소세이그룹에는 새로운 가능성을 지닌 대형 신약이 있다. 그것이 GLP-1이라는 당뇨병 치료제다. 일반적으로 당뇨병이 악화되면 인슐린 주사를 놓아야 한다. 인슐린은 혈액의 당을 에너지로 바꾸는 역할을 하기 때문이다. 그런데 앞으로 소세이그룹이 개발하는 것은 경구형, 즉 주사할 필요가 없이 먹는 약이다. 이 약이라면 환자의 부담이 적고 당뇨병 치료제로써 엄청나게 히트할 가능성이 있지 않을까?

실은 GLP-1은 최근까지 별로 주목을 받지 못했다. 일본에서도 코로나 백신으로 유명한 세계적 제약사인 화이자가 이와 동일한 기능의 약을 개발 중이므로 소세이그룹의 약은 화이자의 적수가 되지 못할 것이라고 인식되었기 때문이다. 그런데 7월에 보도된 바에 따르면 화이자의 당뇨병 약은 부작용이 강하며 치료 결과 80%가 구토감, 50%가 설사 증상이 나왔다고 한다. 이 뉴스가 나오자 소세이그룹이 개발한 GLP-1이 주목받게 되었다.

만약 당뇨병 경우용 치료제로써 GLP-1이 약으로 출시되면 매출 규모는 그 시장의 크기로 봐서 연 5,000억 엔부터 1조 엔 규모에 달할 것이다.

소세이그룹의 지분은 치료 1단계여도 5~7%다. 그것만으로도 연간 250억 엔에서 700억 엔이라는 막대한 매출을 올릴 수 있다. 이 회사의 2020년 12월기 순이익은 14억 엔이었다. 이점을 고려하면 이번 당뇨병 경구용 약은 크게 기대할 수 있다. 바이오주는 적자인 회사가 많은데, 소세이그룹도 적자를 낼 가능성이 크다.

그러나 소세이그룹은 다양한 신약 연구를 진행 중이다.

예를 들어 코로나바이러스에 대한 프로테아제(TMPRSS2)의 활성을 억제하는 약, 이것은 코로나바이러스가 영양을 섭취하지 못하게 해서 증식을 막는 것이다. 나아가 아토피 피부염약, 통합실조증약(조현병 치료제) 등 다양한 분야의 약을 취급한다. 이렇게 소세이그룹에는 크나큰 잠재력을 느낀다.

이 회사에 투자를 고려할 때는 눈앞의 실적보다는 큰 가능성을 지닌 신약이 많다는 점에 초점을 맞춰야 할 것이다.

공매도가 많은 파마푸드(2929)

　2021년 미국 시장에서 가장 화제가 된 종목은 게임스톱(GME)일 것이다. SNS를 통해 개미들의 폭발적인 매수세를 유도하면서 주가가 폭등했고 1월 8일에는 483달러까지 치솟았다. 1월 4일의 주가는 17달러에 불과했으니 약 20일 만에 28배로 둔갑한 것이다. 게다가 게임스톱의 2020년 최저가를 보면 4월 3일의 2.5달러였다. 불과 9개월 반 만에 193배로 뛰었다는 뜻이다.

　왜 이런 일이 일어났을까?

　개인 투자자들이 공모해 게임스톱의 주식을 사들인 것이 주된 이유지만 그렇게 되기까지는 어떤 전제가 있다.

　주식이 상승하는 데 매수세가 끊이지 않았기 때문에 그렇게 오를 수 있었던 것이다. 매수세가 지속된 배경에는 누적된 공매도 잔고가 있었다. 공매도는 주식을 보유하지 않은 상태에서 매도하는 행위이므로 다시 사들여야 결제할 수 있다. 주가가 아무리 높아도 공매도 투자자들은 결제를 위해 주식을 되사들여야 한다. 공매도 투자자는 판 주식이 오르면 오를수록 손실이 커지므로 주가가 폭등하면 견디다 못해 되사게 되는 것이다. 만일 게임스톱을 2.5달러로 팔고 483달러에 되사게 되면 투자금의 193배에 달하는 손실을 지급해야 한다.

　시장에서는 흔히 '공매도는 위험'하다고 말한다. 그것은 손실이

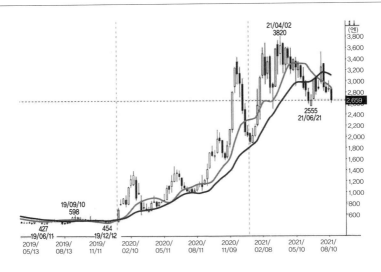

무한대로 늘어날 수 있기 때문이다. 예를 들어 어떤 주식을 샀는데, 불행히도 그 회사가 파산했다고 하자. 손실은 주식을 매수한 투자금액에 한정된다. 그런데 공매도를 하면 주가가 어디까지 오를지 알 수 없다. 주가가 2배, 3배, 끝내는 10배로 올랐는데 공매도를 하면 어느 시점에서든 다시 살 필요가 있으므로 손실도 2배, 3배, 10배로 부풀어 오른다. 게임스톱이 비정상적으로 폭등한 것도 그 회사의 실적이 나쁘고 주가가 너무 비싸다고 판단한 헤지펀드 등 전문 투자자들 때문이다. 그런데 이렇게 기업의 펀더멘털로 주가를 판단하는 정상적인 투자자들이 많았고 그들이 게임스톱 주식을 대량으로 공매도했다. 그 공매도 잔고는 게임스톱의 총발행 주식 수를 넘어섰을 정도였다. 이렇게 되면 막상 게임스톱을 매수하고 싶어도 그만큼의 주식이 시장에 없어서 주가가 무한정 치솟을 수밖에 없다. 그것이 게임스톱을 급등하게 만들었다.

따지고 보면 헤지펀드 등이 게임스톱의 주식을 무턱대고 매도해서 큰 시세를 일으킨 셈이다.

이런 비정상적인 시세가 일본 시장에서 일어나진 않을 것이다. 또한 일본의 개인 투자자들은 미국처럼 그 수가 많지 않으므로 세력을 만들지도 못한다. 미국처럼 SNS를 통해 공매도가 대량으로 들어온 주식이 상상하지 못한 수준까지 폭등하는 일은 발생하지 않을 것이다.

하지만 일본의 주식시장에서도 헤지펀드가 과도하게 팔아치우는 종목을 확인해 보는 것은 의미가 있다. 대표적인 주식이 파마푸드(Pharma Foods International)다. 8월 12일 기준 신용거래에서 이 회사의 공매도 잔고는 355만 주, 한편으로 신용 거래 매수잔고는 407만 주로 비등비등하다. 실은 파마푸드의 경우, 이외에 헤지펀드의 막대한 공매도 잔고가 존재한다. 이것은 헤지펀드 등 기관투자자가 주식 대차시장에서 주식을 조달해 공매도하기 때문인데 규모가 지나치리만큼 크다. 이 금액은 매일 인터넷상 '공매도네트(https://karauri.net)'에서 공개된다. 검색하면 바로 확인할 수 있다.

여기에 종목코드를 입력하면 공매도 잔고와 판매 증권사가 표시된다. 파마푸드의 대표적인 공매도 주체를 보면 8월 6일 기준 모건MUFJ가 241만 6천 주, 익명의 개인 투자자가 68만 7천 주, 골드만삭스가 49만 1천 주, 노무라인터내셔널이 40만 9천 주, 인테그레이티드코어스트래터지가 29만 2천 주, UBS가 31만 주, 메릴린치가 17만 9천 주로 나온다. 이 수량을 합치면 478만 주에 달한다. 신용거래 공매도 잔고와 합치면 공매도 잔고는 무려 828만 주다. 파마푸드의 총발행 주식 수는 2,905만 주, 유동주식은 28%이므로 시장에 유통되는 주식은 813만 주다. 이렇게 보면 헤지펀드를 비롯한 매도 세력은 이 회사의 주식을 과도하게 팔고 있다.

파마푸드가 이처럼 많이 팔린 것은 2020년부터 단기간에 급등했기 때문이다. 2020년 1월의 최저가는 467엔이었다. 그런데 21년의 최고가는 4월의 3,820엔이다. 파마푸드는 1년 3개월 만에 약 8배나 올랐다. 헤지펀드와 기관투자자들은 실적이 얼마나 개선되든 단기간에 너무 많이 올랐기 때문에 자연스럽게 주가가 크게 조정될 것으로 보고 있다. 그래서 떨어질 것을 확신하고 막대한 금액의 공매도를 하는 것이다.

그러나 파마푸드는 회사가 크게 변화하고 있고 앞으로 더욱 엄청나게 탄탄한 회사로 변할 가능성이 충분하다. 이 회사의 매출을 보면 10년 전인 2011년에는 10억 엔에 지나지 않았지만 2018년 7월 매출은 79억 엔, 2019년 105억 엔, 2020년 153억 엔, 2021년 461억 엔으로 경이적인 증가세를 보였다. 특히 발모제인 '뉴모'는 대박을 터뜨렸다. 일반적으로 생각하면 10년 만에 매출이 10억 엔에서 460억 엔까지 늘어난 회사는 보통이 아니다. 파마푸드는 달걀노른자로 만든 건강보조식품과 기능성 식품을 판매하는데 실제로 효과가 없다면 이렇게 급격히 매출이 상승하지 못한다. 이 제품들이 소비자들의 환영을 받기 때문에 매출이 크게 늘어난 것이 아닐까? 7월 19일 파마푸드는 실적 상향 조정을 발표했다. 2021년 7월기의 경상이익을 21억 엔에서 51억 엔으로 올린 것이다.

이것만 봐도 상당히 높게 조정한 것인데 조금만 생각해보면 알겠지만 이런 회사는 광고비를 줄이면 더욱 폭발적인 이익을 낼 수 있을 것이다. 파마푸드는 현재 막대한 광고비를 지출해 이익을 깎아 먹고 있지만, 그래도 사상 최대 이익을 냈다. 460억 엔의 매출을 올렸으니 마음만 먹으면 100억 엔이 넘는 이익을 계상하는 것도 가능하지 않을까?

그렇게 되면 1,000억 엔에 못 미치는 시가총액은 너무 싸다는 생각이 든다. 헤지펀드는 파마푸드의 능력을 과소평가하고 과도하게 매도한다는 생각이 든다.

특히 향후 중국 시장 진출이 확정된 만큼 더욱 지켜볼 가치가 있다. 파마푸드는 '뉴모'를 '일본에서 가장 많이 팔리는 발모제'라고 홍보하고 있다. 이 캐치프레이즈를 활용해 판매한다면 중국에서도 크게 주목받을 수 있을 것이다. 파마푸드는 기업으로써나 주가로써나 큰 잠재력을 느낀다.

평범한 인력파견업체이지만 대활약 중인 커리어링크(6070)

경상이익 3배 증가! 2021년 2월기의 커리어링크(CareerLink)의 실적을 보고 깜짝 놀랐다. 경상이익이 3배나 증가했다. 마더스 상장 직후의 기업이거나 제조 분야에서 획기적인 제품을 개발했다거나 소재 수요가 현저하게 늘었다면 수긍하겠지만, 평범한 도쿄증권 1부에 상장한 인재 파견 서비스 회사가 낸 결과였기 때문이다. 커리어링크는 1996년에 설립되었고 주로 BPO 관련 사업을 한다. BPO는 '비즈니스 프로세스 아웃소싱'의 약어다. 자사가 수행해 온 일의 일부 업무를 외부에 위탁하는 것을 말한다. 자기 회사의 경우라고 생각하면 이해하기 쉬울 텐데, 자사가 잘못하거나 다른 회사에 위탁하고 싶은 여러 가지 업무가 있을 것이다. 특히 최근 BPO에는 총무, 인사, 회계와 관련된 급여 계산, 데이터 입출력 처리, 콜센터와 인터넷 기술의 IT 아웃소싱이 포함된다.

이 BPO는 현재 급속히 주목받고 있다. 편리하고 비용 절감에 도움이 되기 때문이다. 커리어링크는 이 같은 일을 오랫동안 해왔으며 기술과 노하우를 축적했다. 커리어링크가 전기 재무성과를 훌쩍 뛰어넘은 것은 우연히 아니라 환경이 갖추어지면서 커리어링크라는 기업이 시대의 물결을 타기 시작했다고 생각한다.

커리어링크는 BPO 중에서도 대형 안건을 다루며 관공서에 강하다는 압도적인 우월성을 갖고 있다. 일본은 IT 기술이 약한 편이다.

커리어링크(6070/T) 주봉 2019/04/08~2021/08/16

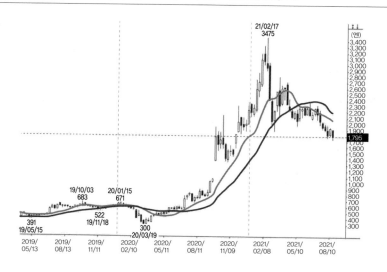

2020년 정부가 국민 1인당 10만 엔을 지급했지만 신속하게 진행되지 않아 관공서의 디지털화가 지연되고 있다는 점이 드러났다. 정부도 어쨌든 디지털화를 추진해야 한다고 보고 디지털청을 신설하게 된 것이다.

물론 관공서는 일본의 주민번호인 마이넘버 관련 업무와 지원금 관련 일반 사무, 문의 전화 대응 업무, 창구 업무, 대형 사무 센터 설치, 창구 시스템 도입 등 신속하게 해야 할 일이 산더미처럼 있을 것이다. 하지만 노하우가 없다. 그래서 커리어링크에 발주를 내린 것이다.

관공서는 보수적이므로 한번 실적을 낸 기업이 더 유리하다. 게다가 업무 내용이 거의 긴급을 요하는 것들이다. 커리어링크의 장점은 1,000명을 넘는 대형 프로젝트도 한 달 남짓한 단기간에 시작할 수 있는 노하우를 갖고 있다는 점이다. 그야말로 이 시대에 걸맞은 회사다.

주가는 2021년 2월에 3,475엔을 기록한 뒤 절반 가까이 폭락하며 조정을 이어갔다. 이 주식도 골드만삭스의 2만 주를 비롯해 헤지펀드가 대량의 공매도에 관여하고 있으므로 일단 매수세가 활발하지만 시세가 단번에 달라질 것이다.

커리어링크는 신규 상장한 마더스 종목만큼 빠르게 발전하는 단계에 접어들었다. PER 10.8배(8월 6일 기준)는 기업의 성장력을 감안하면 지나치게 낮다.

이 회사가 마더스에 상장했다면 주가가 상당히 오르지 않았을까? 커리어링크는 새롭게 재편되는 시장 중 프라임시장[3]의 상장 기준을 충족한다고 발표했다. 매출은 400억 엔을 훌쩍 넘을 것이다.

---

[3] ※도쿄증권거래소는 1·2부, 자스닥, 마더스 등 4개 시장으로 구성된 기존 시장의 구분 개념이 모호하고, 투자자 입장에서 이용 편의성이 떨어진다는 지적에 따라 시장 개편을 추진해 왔다. 2022년 4월 4일부터 기존의 4개에서 프라임(Prime), 스탠더드(Standard), 그로스(Growth)의 3개로 재편된다. 그러므로 프라임시장은 도요타자동차 등 현행 1부 시장 상장업체(2천185곳)의 84.3%인 1천841곳이며, 중견기업 중심인 스탠더드 시장에는 기존의 1, 2부 시장과 자스닥(한국판 코스닥) 등록업체 중 1천477개 사(社)가 참여한다. 신흥·벤처기업이 참여하는 그로스 시장에는 기존 마더스 시장에 속했던 중소벤처기업과 자스닥 등록업체가 일부 합류해 총 459개 사(社)로 출발하게 됐다.

지금은 시가총액 230억 엔 정도에 불과하며 재평가 받을 날이 머지않았다고 생각한다.

역자 소개 | 오시연

동국대학교 회계학과를 졸업했으며, 일본 외국어전문학교 일한통역과를 수료했다. 현재 에이전시 엔터스코리아에서 일본어 전문 번역가로 활동하고 있다.

주요 역서로는 《만화로 배우는 최강의 주식 입문》, 《투자의 속성》, 《텐배거 입문》, 《주린이 경제 지식》, 《주식의 신 100법칙》, 《만화로 아주 쉽게 배우는 통계학》, 《통계학 초 입문》, 《무엇을 아끼고 어디에 투자할 것인가》, 《한 번 보고 바로 써먹는 경제용어 460》, 《상위 1%만 알고 있는 가상화폐와 투자의 진실》, 《회계의 신》, 《돈이 당신에게 말하는 것들》, 《짐 로저스의 일본에 보내는 경고》, 《로지스틱스 4.0》 등이 있다.

주가 상승과 자원 가격 상승으로 향해 가는

세계경제 입문
:주식이 거품이라는 거짓말

1판 1쇄 발행 2022년 5월 16일

지은이   아사쿠라 게이
옮긴이   오시연
발행인   최봉규

발행처   지상사(청홍)
등록번호   제2017-000075호
등록일자   2002. 8. 23.
주소   서울특별시 용산구 효창원로64길 6 일진빌딩 2층
우편번호   04317
전화번호   02)3453-6111 팩시밀리 02)3452-1440
홈페이지   www.jisangsa.co.kr
이메일   jhj-9020@hanmail.net

한국어판 출판권 ⓒ 지상사(청홍), 2022
ISBN   978-89-6502-317-3   03320

*잘못 만들어진 책은 구입처에서 교환해 드리며, 책값은 뒤표지에 있습니다.